TIDAK ADA NEGARA ISLAM

Surat-Surat Politik

Nurcholish Madjid - Mohamad Roem

PELANGGARAN TERHADAP UNDANG-UNDANG HAK CIPTA

Pasal 44

(1) Barangsiapa dengan sengaja dan tanpa hak mengumumkan atau memperbanyak suatu ciptaan atau memberi izin untuk itu, dipidana dengan pidana penjara paling lama 7 (tujuh) tahun dan/atau denda paling banyak Rp 100.000.000,- (seratus juta rupiah).

(2) Barangsiapa dengan sengaja menyiarkan, memamerkan, mengedarkan, atau menjual kepada umum suatu ciptaan atau barang hasil pelanggaran Hak Cipta sebagaimana dimaksud dalam ayat (1), dipidana dengan pidana penjara paling lama 5 (lima) tahun dan/atau denda paling banyak Rp 50.000.000,- (lima puluh juta rupiah).

TIDAK ADA NEGARA ISLAM

Surat-Surat Politik
Nurcholish Madjid - Mohamad Roem

Dilengkapi transkrip diskusi/bedah buku
Prof. Dr. Amien Rais, Prof. Dr. Nurcholish Madjid dan
Prof. Dr. Yusril Ihza Mahendra
Jakarta, 7 November 1997

PENERBIT DJAMBATAN

Anggota IKAPI
Cetakan pertama, 1997
Cetakan kedua (edisi revisi) 2000

Perpustakaan Nasional: Katalog Dalam Terbitan (KDT)

Tidak Ada Negara Islam: Surat-surat Politik Nurcholish Madjid – Mohamad Roem/penyunting: Laksmi Pamuntjak - Djohan, Agus Edy Santoso: kata pengantar, Ahmad Syafi'i Ma'arif dan Adi Sasono. – Jakarta: Djambatan, 2000.
xxvii, 198 hlm.; 21 cm.

ISBN 979-428-369-X

1. Islam dan Politik – Indonesia. 2. Madjid, Nurcholish, 1939–
3. Roem, Mohamad, 1908 – 1983

297.6

Penyunting:
Laksmi Pamuntjak - Djohan
Agus Edy Santoso

Perancang sampul:
Dea Advertising

Percetakan Karya Unipress

Daftar Isi

Pengantar Penerbit
Cetakan ke-2

Persoalan ada atau tidak ada negara Islam, agaknya masih menggoda banyak orang. Bukan saja tokoh tua, tetapi juga tokoh-tokoh muda dan mahasiswa, dan bukan saja tokoh-tokoh yang duduk dalam pemerintahan, tetapi juga orang-orang di luar jalur formal pemerintahan yang sering mendapat sebutan "kaum pinggiran". Ini terbukti dengan membludaknya pengunjung saat diskusi pada peluncuran buku ini kurang lebih tiga tahun lalu. Apakah ada relevansinya untuk masih memikirkan soal ada atau tidak adanya negara Islam? Kiranya semua itu berpulang kepada masyarakat juga.

Dalam buku *Tidak Ada Negara Islam* cetakan ke-2 ini – cetakan ke-1 terbit tahun 1997, kemudian menyusul cetakan tambahan dalam tahun berikutnya – yang kami terbitkan atas banyak permintaan, kami sertakan juga hasil diskusi saat peluncuran buku ini, yang diselenggarakan pada 7 November 1997 di gedung Rajawali Nusantara Indonesia di Jakarta.

Dari hasil pemaparan beberapa tokoh seperti Adi Sasono, Nurcholish Madjid, Yusril Ihza Mahendra dan Mohamad Amien Rais, serta komentar dan harapan pengunjung diskusi seperti Dr. Immaduddin Abdurahim dan Ali Sadikin, kiranya dapat terekam pengertian negara Islam yang menjadi topik surat-menyurat antara Mohamad

Roem almarhum dan Nurcholish Madjid. Di samping itu, pembicaraan 'Immaduddin Abdurahim saat bertemu Mohammad Hatta di tahun 1960-an, telah menyiratkan masih dipikirkannya konsep negara Islam, sehingga dalam pembicaraan itu Mohammad Hatta mengemukakan perlunya konsep yang tegas: apakah mau Islam gincu atau Islam garam. Semua itu dikembalikan kepada masyarakat Islam juga, bagaimana mereka mau mengisi konsep negara tersebut.

Dalam kesempatan ini kami harapkan buku cetakan ke-2 ini dapat memuaskan semua pihak.

Wassalam.

Jakarta, Agustus 2000 *Penerbit*

Pengantar Prof. Dr. Ahmad Syafi'i Ma'arif:
Dialog Dua Generasi

Pihak penerbit meminta saya untuk menulis sebuah pengantar bagi hasil korespondensi antara Dr. Nurcholish Madjid dan Mr. Mohamad Roem, salah seorang pendiri Republik Indonesia. Roem dapat disebut mewakili generasi *Jong Islamieten Bond (JIB)* yang didirikan pada tahun 1925 dengan *godfather*-nya K.H. Agus Salim, seorang intelektual yang jenius. Nurcholish adalah generasi Himpunan Mahasiswa Islam (HMI) yang didirikan oleh Prof. Lafran Pane pada 1947. Dengan demikian korespondensi ini adalah sebuah dialog antara eksponen dua generasi cendekiawan Muslim yang jarak usianya begitu terpaut jauh. Roem kelahiran 1908, sementara Nurcholish lahir pada 1939. Bukan saja usia keduanya yang berbeda, lingkungan situasi sejarahnya juga lain sama sekali. Roem mengalami betul secara langsung apa makna penjajahan, baik Belanda maupun Jepang, bagi struktur jiwa seorang pejuang. Nurcholish adalah anak merdeka. Sekalipun mengalami masa pendudukan Jepang, pada waktu Nurcholish baru berusia enam tahun Jepang pun telah angkat kaki dari Indonesia. Generasi Nurcholish jelas tidak mengalami secara dalam dan intens dampak penjajahan bagi jiwa manusia. Roem menghayati betul bagaimana Tjokroaminoto dan Salim menderita kerja memperjuangkan kemerdekaan bangsa yang diilhami Islam. Generasi merdeka hanyalah melalui bacaan dan sumber lisan dapat mengetahui dan menghayati iklim penjajahan dengan segala akibatnya bagi anak jajahan.

Generasi JIB dalam satu hal mungkin lebih beruntung. Mereka memiliki seorang Salim yang dihormati sampai si piawai ini wafat pada 1954, setelah sebelumnya memimpin dunia diplomasi Indonesia selama beberapa tahun. Generasi HMI tidak punya *godfather* semisal Salim. Salim tampaknya tidak dapat digantikan oleh generasi JIB, terutama dalam kapasitasnya sebagai intelektual dan seorang alim sekaligus. Memang Mohamad Natsir (1908-1993), sebagai tokoh terkemuka hasil JIB dan A. Hassan secara intelektual, mungkin tidak jauh berbeda dengan Salim. Tetapi wibawanya terhadap generasi HMI tidak sebesar wibawa Salim terhadap JIB. Tentu ada alasan mengapa hal ini berlaku.

Di antara alasan itu, boleh jadi karena Salim punya peluang untuk sering berdialog secara langsung dengan generasi JIB, sementara Natsir dan angkatannya hampir-hampir tidak punya kesempatan berbuat seperti Salim. Kesibukan mereka mengurus Masyumi dan politik tahun 1950-an, dan kemudian kecelakaan sejarah yang mereka alami pada periode Demokrasi Terpimpin (1959-1965), tampaknya merupakan di antara kemungkinan alasan mengapa dialog intim itu tidak dapat dilaksanakan. Roem yang dikenal teramat dekat dengan Salim juga tidak punya peluang yang cukup untuk berkomunikasi secara dekat dengan generasi HMI. Kesibukan Roem mengurus negara dan partai tidak kurang daripada kesibukan Natsir. Begitu juga tokoh-tokoh lain semisal Dr. Sukiman Wirjosendjojo, Prawoto Mangkusasmito, Mr. Sjafruddin Prawiranegara, Mr. Kasman Singodimedjo, Mr. Jusuf Wibisono, yang semuanya adalah intelektual Muslim yang pada masa tertentu berperan penting dalam republik ini. Faktor kesibukan inilah barangkali yang turut menciptakan iklim kekurangakraban antara dua generasi itu. Kekurangakraban ini sejak tahun 1970-an telah menimbulkan semacam kesenjangan generasi antara Nurcholish dan kawan-kawannya dengan generasi JIB. Pada waktu Nurcholish melontarkan ide tentang sekularisasi Islam dan slogan *"Islam, Yes; Partai Islam, No?"* pada awal 1970, kesenjangan persepsi politik mereka menjadi semakin melebar, sesuatu yang sebenarnya tidak perlu terjadi sekiranya pada masa sebelumnya sering diadakan dialog. Dialog itulah yang terputus dengan kemungkinan sebab-sebab seperti di atas.

Dampaknya selama lebih dari dua dekade belakangan ini memang sangat dirasakan. Dampak itu tampaknya lebih banyak negatifnya *tinimbang* positif-konstruktif. Lagi-lagi semuanya ini terjadi lantaran tiadanya dialog yang intens. Para tokoh JIB dan sekaligus tokoh Masyumi merasa dihujat oleh sebagian tokoh HMI generasi Nurcholish. Secara psikologis hujatan itu dirasakan sangat berat. Masyumi dibubarkan akhir tahun 1960, para pemimpinnya dipenjarakan oleh rezim Soekarno tanpa proses pengadilan, dan kemudian ketika mereka setelah keluar penjara ingin menghidupkan kembali partainya, pemerintah Soeharto juga tidak mengizinkan. Beban psikohistoris semacam ini tampaknya kurang dipertimbangkan oleh sebagian tokoh-tokoh HMI generasi Nurcholish. Kecurigaan kepada kelompok yang terakhir ini menjadi lebih parah bila dikaitkan dengan nasib seorang tokoh JIB/ Masyumi, Kasman Singodimedjo, sewaktu dijatuhi hukuman oleh pengadilan pada masa Demokrasi Terpimpin. Beberapa tokoh HMI pada waktu itu, demi *survival*, malah meminta agar negara menjatuhi hukuman lebih berat lagi kepada Kasman. Dalam kasus ini jelas HMI telah melakukan *blunder* politik yang teramat fatal, sekalipun kemudian mereka minta maaf. Sikap ini sangat berbeda dengan sikap Masyumi pimpinan Prawoto pada waktu menghadapi kasus keterlibatan beberapa tokoh Masyumi dalam peristiwa PRRI. Pada waktu pemerintah Soekarno meminta agar Masyumi secara formal mengutuk mereka yang terlibat pergolakan daerah, partai ini tidak melakukannya demi keutuhan warga Bulan Bintang, sebutan untuk keluarga besar Masyumi. Menurut Nurcholish dalam suratnya kepada Roem tertanggal 22 Juni 1983 (lihat dalam buku ini), sikap Masyumi itu cukup bijak dan tepat. Sekiranya Masyumi waktu itu melakukan apa yang diperintahkan Soekarno, partai ini belum tentu juga akan dibiarkan hidup, sementara perpecahan di dalamnya sudah pasti mewabah. Kasus PSI (Partai Sosialis Indonesia) yang secara diam-diam mengutuk Prof. Dr. Sumitro Djojohadikusumo, salah seorang tokoh puncak PRRI, menarik untuk disimak. Sekalipun Sumitro telah dikutuk, partai ini akhirnya dibubarkan juga. Risikonya adalah bahwa perpecahan tidak lagi dapat dihindari dalam tubuh partai yang sudah sangat mengecil ini sejak Pemilu 1955. Rupanya, bagi HMI pada masa Demokrasi Terpimpin, sekalipun memang tidak dibubarkan berkat dukungan dari Angkatan Darat, Muhammadiyah, NU, Pelajar Islam Indonesia (PII), pernyataan hukuman lebih berat kepada Kasman telah menimbulkan sikap pro-kontra dalam tubuh himpunan itu. Adalah karena faktor sejarah belaka bahwa HMI terhindar dari perpecahan waktu itu karena tidak lama kemudian terjadilah kudeta G30S/PKI pada akhir 1965 yang harus dihadapi dengan kekuatan umat yang tidak terbelah.

Kasus hukuman Kasman ini memang tidak disinggung dalam dialog Nurcholish-Roem ini. Tetapi demi kelengkapan fakta sejarah, peristiwa itu saya rekam kembali di sini. Bukan untuk saling menyalahkan. Direkam dalam kata pengantar ini semata-mata agar kita mampu saling belajar, dan lebih daripada itu agar kita mampu dan mau saling memaafkan.

Pada dataran yang lebih substansial dalam kaitannya dengan masalah Islam dan bangsa, menurut pengamatan saya tidak ada perbedaan yang mendasar antar tokoh-tokoh Masyumi dan HMI. Semuanya sama-sama menginginkan agar Islam benar-benar menggarami budaya bangsa Indonesia yang mayoritas Muslim itu. Apalagi dalam etika politik, semua tokoh HMI memberikan penghargaan yang tinggi kepada Masyumi. Barangkali tidak ada partai politik di Indonesia yang melebihi Masyumi dalam teori, praktik dan etika politik selama partai ini menjadi salah satu pemain utama di atas panggung sejarah Indonesia modern. Perbedaan itu memang terlihat dalam menghadapi persoalan "negara berdasar Islam" dan "negara berdasar Pancasila". Pada tahun 1950-an, Masyumi memang memperjuangkan negara agar berdasar Islam, karena memang pada periode itu UUDS 1950 membolehkan bersikap demikian. Apalagi semuanya itu dilakukan dalam Majelis Konstituante yang memang dibentuk untuk membuat dan merumuskan sebuah UUD yang permanen. Sikap seperti ini tidak hanya sikap Masyumi, tetapi merupakan kesepakatan semua partai Islam (NU, PSII, Perti, PPTI/Partai Persatuan Tarekat Indonesia) masa itu. Adapun, bila kita menilai bahwa memperjuangkan sebuah negara berdasarkan Islam pada saat kondisi perangkat lunak umat masih rapuh, adalah persoalan lain yang tidak perlu diangkat di sini. Yang jelas setelah Pancasila ditetapkan sebagai satu-satunya asas organisasi politik dan organisasi kemasyarakatan sejak tahun 1985, semua masalah yuridis-konstitusional kenegaraan telah selesai.

Yang belum selesai adalah pengimplementasian nilai-nilai Pancasila yang berketuhanan itu dalam bentuk keadilan, demokrasi, dan kemakmuran yang merata, bagi seluruh rakyat Indonesia. Sekarang tidak ada lagi seorang tokoh Islam yang menginginkan terwujudnya sebuah negara berdasarkan Islam. Adapun, bahwa Pancasila harus disinari oleh nilai-nilai dasar Islam agar tidak terjerembab ke dalam kubangan sekuralisme, saya rasa merupakan sebuah tuntutan objektif-historis. Pancasila tanpa diisi oleh nilai-nilai kenabian akan menjadi sebuah ideologi yang kering-kerontang. Dalam masalah ini baik generasi JIB maupun generasi HMI tidak ada perbedaan. Kenyataannya ini adalah lantaran adanya persepsi tentang dasar-dasar Islam yang relatif sama antara kedua generasi itu.

Isu lain yang juga disoroti dalam dialog Nurcholish-Roem ini menyangkut sifat hubungan Natsir-Sjahrir sesudah proklamasi kemerdekaan. Terbetik pendapat di kalangan sementara tokoh HMI bahwa Natsir boleh jadi subordinat terhadap Sjahrir, sesuatu yang sedikit tidak mengenakkan. Dari penjelasan Roem dalam suratnya kepada Nurcholish tertanggal 7 Juni 1983, kenyataan yang sebenarnya tidak pernah demikian. Natsir tidak pernah menjadi pengikut Sjahrir. Tetapi bahwa Sjahrir yang pertama kali mengajak Natsir masuk dalam kabinetnya pada tahun 1946 memang merupakan fakta sejarah. Pada waktu itu terjadi dialog kecil antara Natsir dan Sjahrir yang kira-kira intinya sebagai berikut. Pada waktu Sjahrir menawarkan posisi menteri penerangan kepada Natsir, tokoh Islam ini menjawab: "Apakah seorang guru seperti saya ini pantas diangkat menjadi menteri?" Sjahrir dengan penuh kepercayaan memberi jawaban: "Apakah memang ada sekolah menteri?" Dengan jawaban ini, maka mengorbitlah Natsir dalam pemerintahan pusat, pada saat bangsa ini sedang menghadapi situasi perjuangan yang sangat berat. Karier politik Natsir dalam pemerintahan mencapai puncaknya pada waktu beliau diserahi memimpin kabinet pertama negara kesatuan pada 1950/1951, sementara Sjahrir setelah kabinet ketiganya jatuh pada tahun 1947, tidak pernah lagi masuk dalam pemerintahan. Persamaan nasib antara Natsir dan Sjahrir kemudian adalah bahwa keduanya sama-sama berpatah-arang dengan Soekarno. Apakah fenomena ini adalah karena perbedaan sub-kultur politik antara Jawa dan *Sabrang* (luar Jawa)? Tidak tertutup kemungkinan untuk tafsiran semacam itu! Dialog Nurcholish-Roem memang tidak sampai membicarakan masalah ini, sekalipun merupakan fenomena sosiologis yang cukup menarik untuk disimak, semata-mata untuk mencari kejelasan sejarah.

Barangkali di antara tokoh JIB yang paling cerdas adalah Natsir sekalipun beliau tidak sampai mengenyam perguruan tinggi. Tetapi bila ditanya siapa di antara mereka yang paling arif dalam politik, saya cenderung untuk menjawab bahwa Roem adalah orangnya. Setelah itu menyusul Natsir-Prawoto. Dalam Masyumi, Roem dikenal mewakili sayap moderat partai bergambar Bulan Bintang itu. Roem adalah seorang politikus yang lugu, tetapi sangat berpegang kepada prinsip perjuangan yang diyakininya. Di samping lugu, Roem adalah seorang pemimpin yang sangat lapang dada. Tokoh ini tidak pernah turut dalam pergolakan daerah yang kemudian melahirkan PRRI/Permesta. Bahkan Roem tidak diberitahu oleh Natsir-Sjafruddin-Burhanuddin Harahap tentang rencana mereka untuk menggabung dengan gerakan militer yang sedang melawan Soekarno itu. Kalaulah beliau diberitahu, apalagi dibicarakan dalam rapat pimpinan Masyumi, siapa tahu ketiga tokoh di atas belum pernah meninggalkan

Jakarta. Persoalan yang muncul di sini adalah persoalan "kalau", sebuah persoalan yang tidak pernah ada pemecahannya dalam kajian sejarah.

Kenyataan yang kita terima adalah bahwa Roem tidak diberitahu dan hal ini memang tidak didiskusikan dalam rapat Masyumi. Maka terjadilah kecelakaan sejarah yang menimpa Masyumi pada 1960 itu. Setelah Masyumi diperintahkan bubar, Prawoto sebagai ketuanya pada waktu itu telah memberi kuasa kepada Roem untuk menggugat kesahan perintah pembubaran ini melalui Pengadilan Negeri Jakarta. Namun pengadilan tidak merasa punya wewenang untuk menangani masalah ini karena menyangkut keputusan politik tertinggi. Akibatnya partai yang dipimpin oleh sayap "orang sekolahan" (istilah yang sering digunakan Nurcholish) ini telah menghilang dari panggung politik tanpa melalui proses pengadilan. Menghilangnya Masyumi dari peredaran jelas telah menggoyahkan sendi-sendi demokrasi yang hendak dibangun oleh bangsa ini. Masyumi adalah pembela demokrasi yang paling terkemuka. Sayangnya kultur politik kita belum siap untuk menerimanya. Mungkin, pada permulaan abad ke-21, cita-cita Masyumi tentang demokrasi dan etika politik yang pernah dikembangkannya dalam praktik akan menjadi acuan generasi mendatang. Kelemahan Masyumi adalah bahwa partai ini terlalu idealistik dalam memasarkan ide-ide politiknya, hingga ia terjebak dalam kurungan idealisme martir. Masyumi mati untuk konstitusi, Masyumi mati untuk sebuah demokrasi! Generasi HMI dan yang seangkatan dengannya harus mengakui kenyataan ini untuk kemudian belajar secara cermat dari kejadian naas itu. Dalam perjalanan bangsa mana pun di dunia ini, cita-cita untuk menciptakan suatu sistem politik demokrasi pasti banyak kendalanya, di samping banyak korbannya. Maka orang dapat menafsirkan bahwa Masyumi telah menjadikan dirinya sebagai tumbal demokrasi yang tetap bermakna untuk diingat kini dan nanti. Dalam dialog ini baik Roem maupun Nurcholish sama-sama berada dalam satu biduk mahal, yaitu biduk demokrasi. Tidak ada perbedaan antara keduanya. Perjuangan selanjutnya sepeninggal Roem adalah bagaimana mempercepat proses demokratisasi itu, hingga apa yang disebut Demokrasi Pancasila menemukan formatnya yang lebih pas dan otentik.

Akhirnya saya memandang bahwa dialog antara Nurcholish Madjid dengan Mohamad Roem dalam bentuk korespondensi pada tahun 1983 itu patut benar dibaca oleh siapa saja yang berminat, terutama oleh mereka yang terlibat dalam gerakan Islam di Indonesia. Dengan mengikuti dialog serupa ini di samping kita mungkin akan menemukan butir-butir kejernihan sejarah, terutama yang bersifat kontroversial, juga pada waktu yang sama kita akan dapat pula merumuskan kiat-kiat yang lebih arif berdasarkan kesimpulan kita setelah membacanya. Saya pribadi tidak meragukan kejujuran Nurcholish dalam melontarkan ide-idenya. Yang perlu dipertimbangkan barangkali adalah dampaknya pada umat di tingkat akar-rumput, sebab merekalah sebenarnya yang menjadikan bangsa ini sebagai mayoritas Muslim. Umat Islam masih dalam keadaan terpasung dalam tradisi Islam yang mapan. Jelas kenyataan ini perlu diterobos, sebab kalau tidak demikian Islam yang ada di kantong kita sekarang ini belum terlalu meyakinkan untuk ditawarkan sebagai pilar-pilar peradaban bangsa di masa yang akan datang. Persoalannya tinggal lagi bagaimana mengembangkan kiat yang lebih arif untuk meraih tujuan-tujuan Islam yang strategis demi masa depan bangsa yang lebih adil, bermoral, dan cerdas.

Sebelum kata pengantar ini ditutup, Mohammad Natsir, tokoh yang juga banyak dibicarakan dalam dialog ini telah wafat beberapa tahun yang lalu, tepatnya 6 Februari 1993 di Rumah Sakit Cipto Mangunkusumo Jakarta setelah mengalami sakit beberapa lama. Kita iringi dengan doa semoga amal besar beliau yang tanpa henti itu diterima di sisi Allah sebagai amal, saleh dan beliau ditempatkan di akhirat pada tempat yang sejajar dengan tempat para pejuang Islam yang ikhlas dan telah mendahului kita sepanjang sejarah. Natsir bukan saja tokoh bangsa, tetapi lebih daripada itu; beliau adalah juga tokoh dunia Islam yang sangat dihormati.

Demikianlah kata pengantar ini saya tulis, terima kasih saya sampaikan kepada pihak penerbit yang telah mempercayai saya mengantarkan dialog ini. Mudah-mudahan bermanfaat. Amien!

Nogotirto — Yogyakarta, Awal Agustus 1997

Pengantar Adi Sasono:

Islam Indonesia: Wajah Baru Dunia

Sumbangan Islam Indonesia terhadap perkembangan peradaban dunia diperlihatkan dengan wajah cinta damai dan selalu melakukan dialog akulturisasi. Berbeda dengan wajah Islam dalam belahan dunia yang lain, wajah Islam Indonesia hadir berdialog secara kultural dengan kebudayaan setempat, sehingga terkesan di mata kaum antropolog atau sosiolog, Islam Indonesia pada mulanya berbau sinkretis. Tidak hanya berhenti dalam konteks ini, Islam Indonesia kemudian hadir dalam sosok dunia sebagai masyarakat Islam yang terbesar di dunia. Islam Indonesia telah memberikan warna tersendiri dalam Organisasi Konferensi Islam (OKI).

Islam telah hadir sebelum wujud Indonesia tampak. Dan ia hadir dalam denyut jantung bangsa dari pra-embrio sampai menjadi embrio yang akhirnya lahir apa yang disebut bangsa Indonesia. Bukan hanya hadir sebagai bangsa Indonesia, tapi ia telah banyak melahirkan atau menjadi ibu kandung dari pergerakan nasional sampai mengantarkan ke pintu kemerdekaan. Dalam kancah kemerdekaan sampai pembangunan demokrasi politik, Islam sebagai ibu kandung terus-menerus telah melahirkan kader-kader demokrasi politik. Kasimo, salah satu tokoh Partai Katolik pernah berujar, bahwa dirinya lebih senang bekerja sama dengan kaum Masyumi walaupun secara ideologis sangat berbeda, karena mereka sangat memegang prinsip-prinsip sebagai demokrat daripada sebagai politisi.

Salah satu bentuk wajah Islam Indonesia di atas sangat tercermin dalam korespondensi antara Nurcholish Madjid dan Mohamad Roem. Awal inspirasinya dalam korespondensi ini adalah tulisan Amien Rais dalam *Panji Masyarakat* tentang tidak adanya konsep negara Islam. Pandangan-pandangan di sekitar tema di atas ini semakin memperjelas wajah Islam sebagai wajah demokrat yang selalu mempunyai ciri menerima dan memperkuat apa yang sudah disepakati bersama. Menolak kesepakatan berarti membiarkan anarkisme. Pandangan ini menyiratkan bahwa membuka peluang dan bernegosiasi untuk mencapai tujuan adalah ciri dari watak seorang demokrat. Waktu perkembangan politik Indonesia bernuansa demokrasi liberal, semua orang maupun semua kelompok berhak mengatakan pendapat dan membentuk organisasi.

Di sini pula moral tokoh Masyumi membuat para lawan dan kawan politiknya menjadi terkesima dan kagum. Para tokoh Masyumi konsisten menolak komunisme berkembang di Indonesia, namun tokoh Masyumi tidak mau terlibat pembunuhan massal dan mempercayakan pada hukum sebagai cara penyelesaian. Waktu Masyumi dilarang, seorang Natsir masih terus melobi Pemerintahan Islam di Timur Tengah agar tetap membantu ekonomi Indonesia. Tidak salah sewaktu M. Natsir wafat, hampir semua kalangan memberikan hormat pada beliau.

Buku ini mengalami perjalanan yang panjang. Sejak rencana 14 tahun yang lalu saya berinisiatif untuk menerbitkannya. Tapi dengan adanya kesepakatan antara Mohamad Roem dan M. Natsir, akhirnya saya menundanya. Setelah 14 tahun lamanya saya menunggu – dan kini kedua pemimpin telah mempertanggung jawabkan budi pekertinya ke hadirat Allah dan ke masa depan bangsanya – akhirnya buku ini terbit juga.

Saya berharap, buku korespondensi kedua tokoh politik yang masing-masing mewakili anak zamannya ini dapat memberi manfaat untuk perkembangan kaum demokrat baru di Indonesia.

Wassalam

Jakarta, 17 Agustus 1997

Dr. M. Amien Rais:
Tidak ada Negara Islam)*

Sepengetahuan saya, kata *imamah* tidak terdapat secara tertulis dalam Al-Qur'an. Tetapi kalau kata *imamah* dimaksudkan sebagai kepemimpinan yang harus diikuti oleh umat Islam, hal itu jelas ada dalam Al-Qur'an. Artinya, Al-Qur'an menyuruh kaum muslimin untuk mengikuti pemimpin yang benar, yang terdiri dari manusia-manusia atau pemimpin yang menggunakan Islam sebagai patokan kepemimpinannya, bukannya kepemimpinan orang-orang yang munafik dan kafir.

Sedangkan *khilafah,* menurut saya, adalah suatu missi kaum muslimin yang harus ditegakkan di muka bumi ini untuk memakmurkan sesuai dengan petunjuk dan peraturan Allah swt., maupun Rasul-Nya. Adapun, cara pelaksanaannya Al-Qur'an tidak menunjukkan secara terperinci, tetapi dalam bentuk global saja.

Islamic State atau negara Islam, saya kira tidak ada dalam Al-Qur'an, maupun dalam Al-Sunnah. Oleh karena itu, tidak ada perintah dalam Islam untuk menegakkan negara Islam. Yang lebih penting adalah selama suatu negara menjalankan *etos Islam,* kemudian menegakkan keadilan sosial dan menciptakan suatu masyarakat yang *egalitarian,* yang jauh daripada eksploitasi manusia atas manusia

*) Dikutip dari *Panji Masyarakat,* no. 376/1982.

maupun eksploitasi golongan atas golongan lain, berarti menurut Islam sudah dipandang negara yang baik. Apalah artinya suatu negara menggunakan Islam sebagai dasar negara, kalau ternyata hanya formalitas kosong? Beberapa negara di Timur Tengah memang berdasarkan negara Islam, tetapi benarkah sesungguhnya mereka menjalankan syariah Islam sebagaimana mestinya? Saudi Arabia, misalnya, tidak punya konstitusi, suatu negara yang aneh dalam zaman moderen ini, dan para pemimpinnya menyatakan tidak perlu konstitusi karena mereka sudah mempunyai sandaran syariah Islam. Ya, mereka boleh saja berkata begitu. Tetapi aplikasi syariah Islam di sana begitu sempit dan sangat jauh dari idealisme Islam itu sendiri. Seperti prinsip-prinsip monarki Saudi Arabia itu sendiri sudah bertabrakan dengan prinsip-prinsip ajaran Islam di bidang kemasyarakatan dan politik. Karena kalau kita lihat sejak khalifah-khalifah yang menggantikan Nabi Muhammad saw., sistemnya bukan monarki yang absolut, melainkan monarki yang menggunakan sistem pemilihan. Adapun, dinasti Umayyah dan Abassiyah yang menegakkan kesultanan itu, sesungguhnya mereka sudah lari dari dasar-dasar ajaran-ajaran Islam. Bagaimana halnya Indonesia? Menurut pandangan saya, selama tidak bertentangan dengan ajaran Islam dan semua sila itu telah dipraktikkan, itu sudah bagus sekali. Tetapi kalau Pancasila juga merupakan formalitas kosong, sebagaimana Islam sebagai formalitas kosong juga, tentu keadaan demikian harus kita perbaiki bersama. Islam amat menekankan konsistensi antara apa yang diucapkan dengan apa yang dikerjakan.

Bagi muslimin Indonesia, akan sudah berbahagia kalau Pancasila yang indah itu benar-benar dipraktikkan secara konsisten. Dengan demikian sudah berarti sebagian ajaran Islam dijalankan.

Berantakan

Pemimpin yang ideal itu adalah juga penguasa yang baik. Menurut ajaran Islam, pemimpin itu sekaligus juga penguasa. Tidak boleh terjadi dualisme, bahwa penguasa itu konotasinya adalah mereka yang menikmati kekuasaan tanpa mengindahkan norma-norma, sedangkan pemimpin itu konotasinya lantas mereka yang mengindahkan norma-norma, etika, keadilan tetapi berada di luar kekuasaan dan menjadi pemimpin informal. Saya kira antara pemimpin dan penguasa dalam suatu pribadi.

Sejak kemerdekaan RI tahun 1945, memang belum terjadi kepemimpinan Islam yang ideal, karena kepemimpinan Islam yang muncul baru berjalan secara sektoral. Muhammad Natsir, misalnya, diikuti dan ditaati oleh, katakanlah, keluarga "Bintang Bulan" dalam tubuh umat Islam, sedangkan Kiai Ali Maksum ditaati oleh keluarga "Bintang Sembilan". Yang ideal bagi saya adalah simbiosis antara tokoh Muhammad Natsir dengan Tokoh Kiai Ali Maksum cs, sehingga barangkali kepemimpinan itu bisa lebih efektif. Pendek kata kepemimpinan Islam menjadi efektif kalau para pemimpin dari berbagai golongan umat Islam bersatu. Itu pernah terjadi pada masa Demokrasi Parlementer, ketika para pemimpin Islam seia-sekata bahwa, musuh negara Indonesia yang terbesar adalah komunisme. Tetapi pada zaman Demokrasi Terpimpin, tubuh umat Islam berantakan. Karena kelihaian lawan-lawan Islam, kepemimpinan Islam porak-poranda. Sebagian dianggap kontra revolusioner dan sebagian lainnya dianggap tidak kontra revolusioner dalam Demokrasi Terpimpin.

Jadi, masa kepemimpinan Islam yang baik itu barangkali, selama masa konstituante, sejak pemilihan umum 1955 sampai tahun 1959.

Siapakah Wakil Umat?

Yang jelas PPP tidak mewakili umat Islam, karena umat Islam tidak bisa dimonopoli oleh PPP. Islam dan umatnya terlalu luas dan tidak berarti bahwa kualitas ke-Islaman mereka itu kalah dengan orang yang masuk PPP. Kita perlu kembali kepada Al-Qur'an. Umat Islam disuruh melakukan persiapan-persiapan dalam rangka menegakkan kebenaran Islam dan dalam zaman moderen ini kita harus menyiapkan kekuatan intelektual, organisasi, teknokratik, finansial, strategi dan lain-lain untuk membina Islam dalam jangka panjang. Dalam pada itu, saya pikir yang paling utama adalah pembinaan sektor pendidikan, mengingat pendidikan itu memproduksi para sarjana dan orang yang berpikir, dan kalau pendidikan itu diwarnai ajaran-ajaran Islam yang luhur maka sudah tentu produksi dari pendidikan yang bercorak ajaran-ajaran luhur Islam itu akan membawa kesejahteraan umat manusia.

Oh, ya. Membicarakan kepemimpinan Islam, mau tidak mau perlu menyinggung Majelis Ulama.

Kalau tidak salah, Majelis Ulama (MU) itu mula-mula merupakan penghubung antara pemerintah dengan rakyat, terutama umat Islam. Dan MU akan berfungsi baik sekali kalau dia diberikan kebebasan oleh pemerintah, sehingga tidak akan ada kesan bahwa MU itu melakukan pesan sponsor pemerintah. Jika kebebasan itu ada, MU akan betul-betul melakukan koreksi dua arah. Pertama, koreksi terhadap pemerintah kalau ternyata langkah-langkah pemerintah itu bisa menimbulkan akibat-akibat negatif. Kedua koreksi terhadap umat Islam sendiri. Sebagai para ulama yang diikuti, mereka bisa membimbing umat ke arah yang positif. MU dalam hal ini dapat menghindarkan hal-hal yang memang dalam jangka panjang akan merugikan umat Islam sendiri. Karena itu yang penting, MU diberi kebebasan penuh untuk melakukan ijtihad-ijtihad dalam berbagai masalah sehingga akhirnya akan lebih baik bagi umat Islam dan juga bagi pemerintah.

Selama MU betul-betul mendengarkan hati nurani rakyat sendiri maka dia akan efektif, sebab umat itu matanya cukup jeli. Selama MU membawakan dirinya sebagai Ulama dalam arti pencari-pencari kebenaran berdasarkan ajaran Tuhan, tentu umat akan mengikutinya. Dan juga seharusnya pemerintah yakin bahwa ulama hanya punya itikad baik. Itikad ulama itu selalu baik, karena dia hanya menginginkan kebaikan.

Bukan Pemimpin Golongan

Dari tiap golongan umat Islam di Indonesia, pernah memunculkan pemimpin-pemimpin kelas berat. Karena itu saya melihat kepemimpinan yang paling penting harus mempunyai wawasan yang lebih jauh. Artinya, pemimpin itu harus mempunyai tiga persyaratan. Pertama, dia harus memiliki dan memahami ajaran Islam secara baik. Kedua, dia harus mempunyai ilmu pengetahuan yang luas. Dan ketiga, dia harus mengutamakan umat sebagai keseluruhan daripada golongannya sendiri. Saya kira semua golongan umat Islam di Indonesia ini telah mempunyai kepemimpinan semacam ini. Terutama generasi muda Islam harus bersedia untuk menjebol batas-batas pemikiran yang picik itu yang terus terang saja masih menghinggapi sebagian besar generasi muda Islam. Alangkah anehnya kalau ada seorang intelektual muslim yang muda yang seharusnya berpandangan jauh ke depan dan mementingkan umat secara keseluruhan daripada golongannya tetapi tokh nampaknya masih berorientasi ke golongannya sendiri. Saya pikir ini yang perlu dijebol oleh generasi muda sekarang ini. Bagaimana caranya? Antara lain ialah, dalam pusat-pusat latihan yang dilakukan generasi muda Islam itu aksentuasinya bukan pada golongan – sentris tetapi pada umat – sentris. Mereka secara perlahan-lahan disadarkan dengan analisa terakhir bahwa umat Islam bukan pada golongan – sentris, tetapi adalah satu. Di samping perlu diyakinkan, kalau umat Islam baik maka negara juga baik. Logikanya, kalau umat Islam berantakan maka negara ini akan berantakan. Tapi juga jangan dilupakan bahwa berantakannya umat Islam karena ada dua faktor. Pertama, faktor internal, terutama kejumudan atau kemandekan umat Islam itu sendiri dan kecenderungan saling cekcok di antara umat itu. Faktor kedua, faktor eksternal, yaitu dengan perujudan adanya Islam phobia dari beberapa golongan tertentu di Indonesia ini yang masih saja tidak mau mengakui bahwa umat Islam dalam perjuangannya untuk mengisi kemerdekaan adalah sangat substansial.

Mohamad Roem:
Tidak ada Negara Islam*)

Begitulah, tidak kurang dan tidak lebih bunyi kepala karangan yang dimuat dalam *Panji Masyarakat* No. 376, tanggal 14 Muharram 1403/1 November 1982. Keterangan yang tegas itu terdapat dari wawancara dengan Dr. M. Amien Rais. Tentu kalimat tersebut disertai keterangan, yang saya kutip: "Al-Qur'an menyuruh kaum Muslim untuk mengikuti pemimpin yang benar, yang terdiri dari manusia-manusia atau pemimpin yang menggunakan Islam sebagai patokan kepemimpinannya, bukannya kepemimpinannya orang yang munafik dan kafir."

"Sedangkan *khilafah*, menurut saya, adalah suatu misi kaum Muslimin yang harus ditegakkan di muka bumi ini untuk memakmurkan sesuai dengan petunjuk dan peraturan Allah swt. maupun Rasul-Nya. Adapun, cara pelaksanaan Al-Qur'an tidak secara terperinci, tetapi dalam bentuk global saja. *Islamic State* atau Negara Islam saya kira tidak ada dalam Al-Qur'an maupun dalam Sunnah. Oleh karena itu, tidak ada perintah dalam Islam untuk menegakkan Negara Islam." demikianlah keterangan Dr. Amien Rais.

Keterangan Dr. Amien Rais dalam *Panji Masyarakat* No. 376 tersebut telah mengundang tanggapan Saudara Agus Fajar dalam *Panji Masyarakat* No. 379 yang menyatakan

*) Dikutip dari *Panji Masyarakat,* No. 386/1983.

kurang sesuai, terutama dengan ucapan Dr. Amien Rais tersebut, ditambah dengan keterangannya, bahwa "Negara Arab Saudi adalah suatu negara yang aneh dalam zaman modern ini, di mana pada negara tersebut tidak ada konstitusinya. Yang ada hanya bersandarkan pada Syariah Islam (menurut beliau Syariah yang sempit)."

Selanjutnya (meskipun mengaku orang awam), Saudara Fajar menerangkan bahwa As-Sunnah (Hadis) terdiri dari tiga macam: 1. Sunnah (ucapan Nabi), 2. Sunnah Fi'li (perbuatan Nabi), 3. Sunnah Taqriri (sikap diam sebagai tanda persetujuan).

Akhirnya Saudara Agus Fajar menyebut juga (masih sebagai orang awam) yang ia baca enam tahun lalu (malah ia simpan majalah itu, karena ia melampirkan fotokopi) deklarasi Nabi yang diberi nama: *Kitabun Nabi* yang diterjemahkan oleh Kiai Zainal Abidin Ahmad, dengan judul *Piagam Nabi Muhammad Konstitusi Negara Tertulis yang Pertama di Dunia*, berisikan 47 pasal (10 pasal lebih banyak dari UUD '45 Republik Indonesia).

Jika Dr. Amien Rais mengatakan: "Tidak ada Negara Islam" dalam Sunnah, saya rasa ia benar. Tidak saja ia benar, akan tetapi ia juga bijaksana, karena di Indonesia istilah itu lebih baik jangan dipakai, karena tidak sedikit orang yang tidak menyukai, malah ada yang alergi mendengar istilah itu. Saya tidak akan mengecek dengan membaca dalam seluruh Al-Qur'an dan Sunnah, bahwa betul perkataan itu tidak ada. Yang pernah saya mengecek, bahwa dalam *statuten* dan anggaran dasar Masyumi, kata istilah itu tidak ada.

Dalam pada itu, apa sebenarnya yang dimaksud oleh Dr. Amien Rais itu? Sekadar namanya saja, atau lebih dari nama, yang tidak ada.

Sejak beberapa waktu ada organisasi internasional, yang resminya bernama Organisasi Konferensi Islam, yang berdiri karena Israel mencaplok Kota Baitul Maqdis, yang sudah beratus-ratus tahun di tangan orang Islam, di mana senantiasa ada ketenangan dan kedamaian. Siapa pun dapat beribadah menurut agama masing-masing. Jika organisasi itu mengadakan konferensi, maka tidak sering dinamakan konferensi dengan nama teknis benar, melainkan yang lebih mudah, yaitu konferensi negara-negara Islam. Organisasi itu mempunyai sekretariat di Makkah. Tiap tahun mengadakan konferensi, tempatnya berpindah-pindah. Adapun yang datang di konferensi tahunan itu menteri-menteri luar negeri dari negara yang ikut serta. Dengan mudah konferensi itu dinamakan Konferensi Menteri Luar Negeri Negara-Negara Islam. Menteri Luar Negeri Republik Indonesia hadir di situ. Tapi kita akan kurang bijaksana, jika kita menamakan Bapak Mochtar Kusumaatmadja (pada Kabinet Pembangunan III, 1982 — *penyunting*) sebagai Menteri Luar Negeri Negara Islam. Ia Menteri Luar Negeri Republik Indonesia. Atau kalau kita mau juga menyebut negara kita dengan tidak melupakan kata Islam, kita harus mengatakan "Republik Indonesia yang mayoritas rakyatnya beragama Islam". Kita akan kekurangan waktu jika tiap kali harus mengucapkan kalimat yang panjang itu.

What is in a name, kata pujangga Inggris yang termasyhur Shakespeare. Andaikata bunga mawar, yang harum semerbak, orang menamakan bunga bangkai, ia masih akan harum semerbak.

Apa sih keuntungannya, untuk memakai diri dan (mungkin orang lain juga) untuk memakai istilah yang dapat menyebabkan alergi, itulah kebijaksanaan Dr. M. Amien Rais.

Jadi kalau Saudara akan mencari istilah itu dalam Sunnah yang beribu-ribu banyaknya saya rasa akan sia-sia belaka. Saya rasa Dr. Amien Rais benar.

Nabi hijrah dan menyusun masyarakat sesuai dengan yang diajarkannya

Waktu Nabi dengan pengikut-pengikutnya yang setia sampai dengan selamat di Yatrib (Madinah), pada suatu saat onta yang ia tunggangi karena lelah, berhenti di suatu tempat serta merebahkan diri. Maka Nabi memilih tempat itu untuk didirikan mesjid. Mesjidlah yang pertama didirikan. Dengan cara memilih tempat seperti itu, maka dapat dihindarkan musyawarah yang bertele-tele, karena tentu ada saja orang atau golongan, yang menginginkan mesjid didirikan di tempatnya atau dekat dengan tempatnya. Sesudah itu, maka mulailah umat Islam menyusun masyarakat dan membangun penghidupan sesuai dengan ajaran Al-Qur'an dan Sunnah.

Lebih-lebih dalam kesibukan membangun itu, Nabi perlu mengeluarkan perintah (hadis) atau mengerjakan sesuatu, yang menjadi teladan umatnya. Inilah yang disebut Hadis Qauli dan Fi'li oleh Saudara Agus Fajar.

Dalam pada itu saya dapat membayangkan, bahwa yang paling banyak atau menjadi kebijaksanaan, adalah yang Saudara Agus Fajar namakan Hadis Taqriri. Sebab kota Yatrib adalah sebuah kota yang sudah ada dan orang-orang Yatrib sudah hidup beberapa waktu (mungkin berabad-abad), maka tidak perlu semua atau banyak harus dibongkar atau diubah. Hadis Taqririlah yang memainkan peranan penting dalam situasi dan kondisi demikian.

Terhadap bermacam-macam keadaan dan cara hidup penduduk Yatrib, Nabi bersikap diam atau membiarkannya, yang berarti setuju. Karena itu Hadis Taqriri itu terutama mengenai sikap atau kebijaksanaan, tidak mengenai suatu hal yang konkret.

Kebenaran hal ini akan lebih menonjol, jika kita ingat bahwa Islam itu tidak hanya untuk bangsa Arab saja atau untuk kota-kota yang sudah ada di jazirah Arab.

Mungkin sekali di sini letaknya rahasia, apa sebab Wali Songo berhasil meng-Islamkan sebagian besar bangsa Indonesia umumnya, suku Jawa khususnya, dalam waktu yang singkat, sedang bersamaan dengan Islamisasi yang dijalankan oleh Wali Songo, Kristenisasi juga sudah dijalankan oleh Missi dan Zending. Benar juga, bahwa bangsa Barat yang beragama Kristen, pada saat itu lebih tertarik untuk mencari untung dengan membeli rempah-rempah.

Menyusun masyarakat dipandang selesai

Begitulah Nabi dengan pengikutnya yang setia, dan dengan dukungan penduduk Yatrib yang semua sudah menjadi pengikut Nabi dengan segala keyakinan dan pengorbanan membangun penghidupan dan menyusun masyarakat di Madinah, yang tentu saja tidak lain daripada yang mereka yakini. Masyarakat itu sudah teratur dan cukup kuat, sehingga dapat bertahan dan menolak, waktu Quraisy menyerang sampai dua kali dalam peperangan yang dinamakan Perang "Uhud dan Badar".

Dalam kesempatan itu, yaitu perang, maka timbullah atau datanglah wahyu-wahyu Ilahi, bagaimana orang Islam harus berkelakuan jika perang dan malah jika menang dalam peperangan. Dua kali Nabi perang semata-mata karena diserang. Orang Islam hanya boleh perang jika diserang.

Pembangunan penghidupan dan penyusunan masyarakat itu berlangsung selama sepuluh tahun. Pada akhir tahun kesepuluh, maka datanglah wahyu Ilahi, Surat Al-Maidah ayat 3, wahyu yang terakhir.

Surat itu seolah-olah masih mencukupi yang kurang, karena isinya hal-hal yang orang dapat katakan tidak begitu penting, antara lain larangan makan bangkai, darah dan babi, dan cara menyembelih binatang. Akan tetapi yang penting ialah yang dikatakan pada akhir ayat itu: "Pada hari ini Aku telah sempurnakan kepada kamu agama kamu dan Aku cukupkan atas kamu nikmat-Ku dan Aku telah ridhai Islam sebagai agama buat kamu. Tetapi barangsiapa pada waktu kelaparan, padahal tidak sengaja membuat dosa, maka sesungguhnya Allah itu Maha Pengampun Penyayang."

Kalimat terakhir ini dalam ilmu hukum dinamakan *escape-clause* yaitu, jika kelaparan, tidak ada makanan lain, ya boleh makan darah dan daging babi.

Yang penting adalah bahwa Surat Al-Maidah ayat 3 ini adalah terakhir dari wahyu yang disampaikan kepada Rasulullah. Maka selesailah yang dibangun oleh Nabi.

Gambaran apa yang kita dapatkan dari penyusunan dan pembangunan selama sepuluh tahun itu? Nabi memimpin masyarakat itu tentu sebagai pemimpin. Masyarakat yang dua kali menjalankan perang dan mengakhiri perang, dan mengatur segala sesuatu. Tidak lebih dan tidak kurang, bahwa Nabi bertumbuh menjadi kepala negara.

Dalam pada itu, apakah kita pernah membaca suatu hadis, bahwa Nabi lalu memakai gelar lain selain Rasul Allah? Saya sendiri belum pernah membaca atau mendengar. Apakah Nabi tidak memberi nama lain atau baru, juga sesudah Madinah bersatu dengan Makkah? Saya juga tidak pernah membaca atau mendengar.

Dalam pada itu, masyarakat yang telah bertumbuh dan tersusun oleh Nabi di Makkah dan Madinah itu, tidakkah merupakan sebuah negara yang teratur? Saya rasa jawabnya positif.

Jadi kalau Dr. Amien Rais mengatakan, bahwa tidak ada negara Islam atau *Islamic State* memang benar. Dalam pada itu, saya rasa yang disusun oleh Nabi di Yatrib dan kemudian bersatu dengan Makkah, pada hakikatnya adalah suatu negara, yang tidak dinamakan negara Islam oleh Nabi sendiri. Sesudah ayat 3 Surat Al-Maidah itu diwahyukan, kira-kira tiga bulan kemudian Nabi wafat, yang sebagai kepala negara diganti oleh Abu Bakar. Gelar atau titel Khalifah umat Islam diberikan kepada Abu Bakar.

Untuk merekapitulasi: pada akhir hayat Nabi, pada saat Surat Al-Maidah ayat 3 diwahyukan, maka sudah tumbuh sebuah masyarakat yang dibangun oleh dan di bawah pimpinan Nabi sendiri, yang tidak diberi nama khusus oleh Nabi, akan tetapi sudah mempunyai ciri-ciri sebagai negara, sedang hukumnya oleh Tuhan sudah dinamakan sempurna. Yang menjadi pemimpin tidak memakai gelar atau titel tersendiri, adalah Nabi Muhammad Rasulullah, seorang yang dipilih oleh Tuhan sendiri. Saya rasa selama tidak lebih dari tiga bulan itu di dunia pernah ada "Negara Islam" atau *Islamic State* tidak dalam nama (*What is in a name*), melainkan dalam *substance*, dalam hakikatnya.

Sesudah itu saya rasa tidak ada lagi negara yang dapat menyamai negara itu, sebab siapa pun orangnya yang memimpin, ia tidak dapat menyamai Nabi. Paling *banter* negara itu dapat menjadi cita-cita. Cita-cita yang baik dan manusia berhak memiliki, akan tetapi tidak pernah akan mencapainya, melainkan mendekati sebaik mungkin.

Organisasi Konferensi Islam yang sejak beberapa waktu lalu didirikan dan kadangkala mengadakan konferensi tingkat tinggi dengan dihadiri kepala-kepala negara, yang untuk mudahnya dinamakan negara-negara Islam, serta tiap tahun mengadakan konferensi yang dihadiri menteri luar negerinya, nama pesertanya juga bermacam-macam. Yang memakai nama Islam, malah minoritas kecil. Antara lain Republik Islam Pakistan. Sejarah Republik Islam ini menarik perhatian. Mula-mula negara itu besar, terdiri dari Pakistan Barat dan Pakistan Timur. Mayoritas penduduknya Islam. Waktu itu negara Islam yang terbesar. Kemudian negara itu pecah menjadi dua. Pakistan Barat tetap bernama Republik Islam Pakistan. Akan tetapi Pakistan Timur, barangkali alergi, malah memakai nama yang mirip dengan negara komunis, meskipun penduduknya tetap mayoritas Islam, dan tidak kurang Islamnya dari orang Islam di lain negara. Nama Pakistan Timur resminya adalah Republik Rakyat Bangladesh. Yang memakai nama Islam adalah juga Republik Islam Jibuti, sebuah negara kota seperti Singapura dengan penduduk 125.000 orang.

Negara yang paling terkenal dan paling kaya, yang oleh umat Islam di dunia kadang-kadang dipandang sebagai contoh, resminya bernama Kerajaan Arab Saudi. Ia adalah suatu kerajaan, yang jadi kepala negara adalah keturunan dari raja yang pertama. Kita ingat bahwa Nabi tidak diganti oleh keturunannya. Itulah yang menjadi sengketa antara golongan sunnah dan syi'ah.

Negara kita yang tercinta bernama Republik Indonesia. Menurut pendapat saya *Republik* adalah lebih dekat dengan

Sunnah Nabi daripada kerajaan. Akan tetapi sebagaimana kita melihat dalam sejarah Islam, Nabi dalam hal ini tidak memberi kepastian. Barangkali Saudara Agus Fajar dapat mengatakan, termasuk hadis yang mana. Dr. Amien Rais memang mengikuti jejak nenek moyang kita, Tjokroaminoto, Agus Salim, Samanhudi, K.H.A. Dahlan dan lain-lainnya, yang memakai kata-kata sederhana, tidak mengejutkan orang lain. Sejak Haji Samanhudi memakai kata-kata sebagai tujuan Serikat Dagang Islam "Menyusun penghidupan yang sesuai dengan ajaran-ajaran Islam", maka menurut ingatan saya kata-kata itu tidak saja diulang-ulang ditulis, tapi juga diulang-ulang dikatakan. Dan memang kita tidak dapat berbuat lain kecuali berbuat demikian. Kalau ajaran-ajaran Islam itu kita yakini sebagai kebenaran yang dapat membawa kita ke dalam kehidupan yang selamat baik di dunia dan akhirat dapatlah kita berbuat lain daripada itu. Dan di zaman Serikat Dagang Islam, pemimpin kita juga sering mengatakan: "Hiduplah sesuai dengan Islam, dan tidak perlu menunggu diatur dengan undang-undang negara, sebab hidup secara orang Islam, pasti tidak akan merugikan orang lain." Jika Anda hendak membagi waris sesuai dengan Islam, sebelum Anda mati bagilah menurut apa yang kamu yakini. Kalau Pengadilan Negeri yang membagi-bagi, tidak akan menurut syariat Islam. Malah dengan berkelakuan begitu Islam pun tidak menghalang-halangi Anda memberikan kepada anak laki-laki sama dengan anak perempuan, kalau itu Anda pandang adil menurut situasi dan kondisi.

Ketahuilah, bahwa Islam tidak mengatur adopsi, akan tetapi Islam memerintahkan bahwa kita wajib memelihara anak yatim sebagai anak sendiri. Karena itu sebelum Anda mati, berilah kepada anak yatim itu secukupnya seperti anak sendiri, agar sesudah Anda mati, anak-anak jangan bercekcok di hadapan pengadilan, yang tidak sedap untuk dilihat.

Begitulah ajaran nenek moyang kita, sebagaimana masih lamat-lamat ada dalam ingatan kita. Waktu saya membaca buku *The Legacy of Islam* (disunting oleh almarhum Joseph Schacht dan G.E. Bosworth, Second Edition, Oxford At the Clarendon Press 1974) yang lamat-lamat itu menjadi agak terang;

"What stands out is, that Indonesia appears in the world as an Islamic nation and that at the same time Islam is not merely a more or less accurate copy of Islam elsewhere: Whether of Islam in India, from where it first came to Indonesia, or of Islam in the heartlands, which have for such a long time been the pole orientation for Indonesian Muslims. There have been those non-Muslims no doubt, who thought they saw an ambiguity here. If ambiguity it is, it could in no way be an exclusive feature on the Indonesian situation. In every different variant, the same ambiguity should be traceable anywhere in the world of Islam, perhaps more manifestly in the outlying parts, but essentially everywhere, even in the original centres of Islam."

Tulisan di atas adalah tulisan C.A.O. van Nieuwenhuijs, yang terjemahannya sebagai berikut:

"Yang menonjol ialah bahwa Indonesia itu menampakkan diri di dunia sebagai bangsa Islam (*Islamic State*) dan bahwa sekaligus Islam Indonesia itu bukan semata-mata atau kurang lebih sebuah kopi Islam yang akurat (tepat) dari mana pun, apakah Islam dari India, dari mana ia pertama kali datang di Indonesia atau Islam dari negara-negara asalnya (*the heartlands*), yang untuk waktu yang lama menjadi suri teladan bagi Muslimin Indonesia. Pernah ada orang-orang, yang tentunya non-Muslim, yang berpendapat mereka melihat sebuah remang-remang yang dapat diberi berbagai arti. Jika ada berbagai arti, atau remang-remang, hal itu bukan semata-mata ciri Indonesia. Berbagai variasi dari keremang-remangan itu dapat ditemukan di mana-mana. Barangkali di daerah-daerah yang jauh, akan tetapi pada hakikatnya di mana-mana, bahkan di pusat Islam yang asli."

Yang menjadi soal pada waktu ini berkenaan dengan Islam di Indonesia, adalah ia sejalan (paralel) dan malah dapat dibandingkan dengan kejadian-kejadian dan situasi yang berlangsung di lain-lain bagian di dunia Islam, termasuk negara asalnya.

Non-Muslim yang mengatakan bahwa Islam di Indonesia itu mempunyai ciri *ambiguity* (remang-remang) dapat mempunyai berbagai arti, dan tidak mempunyai pengertian bahwa Islam itu bukan hanya bagi bangsa Arab atau negara Arab saja. Justru *ambiguity* itu adalah ciri yang khas. Artinya, Islam itu dapat berkembang menurut garis sendiri di berbagai negara. Islam di Indonesia tidak perlu merupakan *accurate copy* dari Islam di Arab Saudi atau Islam di mana pun. Apalagi *ijtihad* adalah ajaran yang penting bagi pengamalan Islam.

Nurcholish Madjid:

Menyambung Matarantai Pemikiran yang Hilang

5601 S. Maryland Ave #1
Chicago, IL. 60637 USA
Telp. (312) 241-7485

29 Maret 1983

Yth. Bapak Mohamad Roem
Jakarta Pusat
Indonesia

Assalamu'alaikum wr. wb.

Pak Roem yang baik,
Harap Pak Roem tidak terlalu kaget oleh adanya surat ini, mengingat bahwa *sak jek jumblek* saya belum pernah menulis surat kepada Pak Roem, meskipun di Jakarta kita sering bertemu. Sudah lima tahun persis saya berada di Amerika, di Universitas Chicago. Mula-mula saya belajar ilmu politik, yang dari sudut panggilan hidup, saya anggap bernilai *instrumental*. Setelah merasa cukup dengan ilmu itu, saya pindah ke filsafat atau pemikiran Islam, yang kepadanya saya merasa lebih terpanggil, dan yang nilainya bagi saya

lebih *intrinsik.* Kini saya sedang berusaha menyelesaikan disertasi, berjudul *Ibn Taimiyyah tentang Kalam dan Falsafah.* Saya tertarik kepada Ibn Taimiyyah karena peranannya yang sering dipandang sebagai leluhur doktrinal bagi banyak sekali gerakan-gerakan pembaharuan Islam zaman modern, baik yang fundamentalistik maupun yang liberalistik. Kritiknya terhadap *Kalam* dan *Falsafah* dilakukan dengan kompetensi yang amat mengesankan, karena ia benar-benar menguasai disiplin keilmuan Islam yang Hellenistik itu. Ia adalah seorang tokoh dalam sejarah pemikiran Islam yang terakhir secara kompeten berusaha membendung *Hellenisme,* meskipun pahamnya sendiri tentang metode *qiyas* tetap bersifat *Aristotelian.* Ibn Taimiyyah adalah seorang intelektual besar yang nampaknya tidak banyak dipahami, padahal intelektualismenya itu baik sekali jika dicontoh dan dikembangkan lebih lanjut.

Saya berkeyakinan bahwa jika umat Islam, khususnya mereka yang merasa menganut atau diilhami oleh pikiran-pikiran Ibn Taimiyyah, mewarisi dan mengembangkan tradisi intelektualnya itu, dapat diharap akan banyak diketemukan jalan keluar dari berbagai kemacetan pemikiran zaman sekarang ini. Jalan keluar itu, dari berbagai segi, akan memiliki tingkat keotentikan yang tinggi, yang bakal membawa umat Islam memasuki abad modern dan berpartisipasi di dalamnya secara mantap tanpa banyak halangan doktrinal. Sebab modernisme yang dihasilkannya akan merupakan suatu *genus* agama Islam sendiri, yang pendekatannya bersifat menyeluruh dan prinsipal, tanpa harus memberi konsesi parsial dan *ad hoc* kepada desakan-desakan luar. Inilah segi yang mendorong saya menjadikan Ibn Taimiyyah sebagai sasaran kajian saya. Jadi meskipun tesis saya berada dalam kawasan pemikiran murni (dengan *gondo* klasisisme), tapi ia mempunyai implikasi untuk bidang pemikiraan politik. Saya berusaha memanfaatkan studi ini untuk dapat mengambil bagian dalam usaha umat menemukan suatu bentuk penyelesaian bagi berbagai persoalan dasar mereka di zaman mutakhir ini.

Orang boleh menyebut bahwa saya mempunyai semacam *obsesi* terhadap persoalan Islam dan politik. Karena *obsesi* itu maka sebenarnya saya sudah lama ingin menulis surat kepada Pak Roem, disebabkan perasaan adanya kesesuaian antara saya dan Pak Roem dalam banyak hal di bidang itu. Kesesuaian tersebut dengan jelas terbukti dari tulisan Pák Roem, berjudul "Tidak Ada Negara Islam" dalam majalah *Panji Masyarakat* No. 386, 11 Februari yang lalu, yang melecut saya untuk menulis surat ini. Tulisan yang Pak Roem maksudkan sebagai tanggapan terhadap pernyataan (wawancara) Saudara Amien Rais itu saya baca dengan penuh keharuan dan rasa terima kasih yang sedalam-dalamnya. Tentu saja saya tahu bahwa Pak Roem dengan tulisan itu tidak mengharapkan keharuan siapa pun dari kalangan pembaca. Tapi karena bagi saya pribadi tulisan semacam itu sudah sekian lamanya diharap-harapkan dan ditunggu-tunggu dari salah seorang tokoh Islam modernis Indonesia atau, lebih spesifiknya, para pemimpin (bekas) Masyumi, maka tidak bisa tidak saya merasa terharu. Dan tentu saja saya tahu bahwa Pak Roem tidak menantikan sanjungan ataupun ucapan terima kasih atas tulisan itu. Tapi karena kenyataannya tulisan Pak Roem itu sangat melegakan hati saya dan secara pribadi saya anggap dukungan moral dan intelektual bagi gagasan-gagasan saya (dan teman-teman), maka saya "memaksa" mengucapkan terima kasih kepada Pak Roem. Saya berharap anggapan saya di atas bisa dibenarkan, dan kiranya Pak Roem bisa memahami ucapan terima kasih saya itu.

Lebih dari itu, tanpa bermaksud mendahului teman-teman, saya mungkin hanyalah cerminan dari banyak sekali mereka itu, khususnya dari kalangan generasi tertentu umat. Ketika, misalnya tulisan Pak Roem itu saya tunjukkan (kirimkan) kepada beberapa teman di sekitar Chicago ini, mereka memberi reaksi yang sama dengan tanggapan saya. Seperti juga halnya dengan saya, mereka itu pun merasa tertolong oleh tulisan Pak Roem.

Saya sendiri memandang bahwa tulisan Pak Roem itu seharusnya tidaklah terlalu mengejutkan. Sebab, seperti telah saya katakan, saya merasa sedikit banyak telah mengenal jalan pikiran serta ideologi politik Pak Roem, dan saya mendapatkan kecocokan. Tulisan Pak Roem itu bagi saya tetap konsisten dengan berbagai pernyataan dan lontaran pikiran Pak Roem sebelumnya seperti, misalnya, wawancara Pak Roem tentang negara Islam di *Panji Masyarakat* beberapa tahun yang lalu, dan penilaian Pak Roem (juga di *Panji Masyarakat*) tentang Revolusi Iran. Membaca itu semua saya bisa menyimpulkan bahwa Pak Roem ini *nuwun sewu*, adalah seorang demokrat, seorang konstitusionalis, seorang penganut konsekuen paham tertib dan kekuasaan hukum, seorang modern (dalam arti bahwa cita-cita politik dan sosialnya ialah sesuatu yang bakal terwujud sepenuhnya dalam sebuah negara modern).

Melandasi itu semua, Pak Roem adalah seorang Muslim yang komitmen pribadinya kepada ajaran Islam serta sikap kemasyarakatannya terjadi dengan disertai pemahaman yang tepat kepada prinsip-prinsip umum ajaran agama itu. Secara lahiriah (sebab yang batiniah, seperti disadari Pak Roem sendiri, adalah urusan Allah) saya ingin mengatakan bahwa Pak Roem ini, menurut suatu cara peninjauan seorang ahli (sekali lagi *nuwun sewu*), adalah seorang Muslim yang *muslim*. Dengan cara pendekatan yang agak ganjil itu saya hanyalah memaksudkan bahwa Pak Roem adalah seorang Muslim (dengan inisial huruf besar), dalam arti secara lahiriah memiliki syarat-syarat sebagai anggota masyarakat atau kelompok orang-orang yang memeluk agama atau mengaku memeluk agama Islam. Tapi, lebih asasi dari itu, sebagai seorang *muslim* (dengan inisial huruf kecil) Pak Roem adalah seorang yang benar-benar menjalankan Islam, yakni penyerahan diri sepenuhnya kepada Allah swt., Sang Kebenaran *(Al-Haqq)*. Implikasinya ialah sikap senantiasa mencari dan menerima kebenaran, serta sikap menyambut tantangan moral dari Tuhan. Sikap ini dalam pelaksanaan tepatnya tidak saja menuntut pemahaman yang benar akan prinsip-prinsip umum agama, tapi juga penelaahan menyeluruh dan realistis atas tuntutan ruang dan waktu. Bagi saya, pandangan-pandangan Pak Roem secara penuh tanggung jawab merefleksikan hal itu semua. (Dari sudut tinjauan itu, saya melihat bahwa dari kalangan para anggota masyarakat Islam, termasuk banyak propagatornya sendiri, banyak yang tidak *muslim*, dalam arti tidak memiliki kesungguhan pasrah dan *nrimo* di hadapan Sang Kebenaran).

Saya telah *nuwun sewu* kepada Pak Roem untuk mengemukakan hal di atas itu semua. Sebab saya sebenarnya masih menyimpan kekhawatiran kalau-kalau saya mencampuri urusan Pak Roem yang paling dalam dan pribadi, yang sesungguhnya hanya Pak Roem sendiri (dan, tentu saja, Allah swt.) yang mengetahui. Maka saya mohon maaf jika sekiranya hal-hal tersebut, sebagian atau keseluruhannya, tidak berkenan di hati Pak Roem. Tapi saya merasa perlu mengemukakan hal-hal di atas, karena mengharap efek baliknya berupa penegasan kepada diri sendiri untuk suatu kerangka berpikir dan dasar pijakan bagi penentuan dan pilihan pandangan serta tindakan dalam bidang yang selama ini banyak dianggap rawan, yaitu bidang sosial dan politik.

Selanjutnya, berdasarkan kerangka itulah saya sering mendapati diri saya merasa banyak sejalan dengan Pak Roem. Begitulah, misalnya, ketika saya membaca wawancara Saudara Amien Rais bahwa dalam Kitab Suci dan Sunnah Nabi tidak ada perintah (eksplisit) untuk mendirikan apa yang oleh banyak orang zaman mutakhir ini dinamakan "Negara Islam", saya memberi reaksi yang mungkin sama dengan reaksi Pak Roem. Dengan sendirinya saya sangat menyetujui wawasan teman saya itu, dan terbit keinginan untuk memberi komentar dukungan. Wawancara Saudara Amien itu saya tunjukkan kepada Saudara Ahmad Syafi'i Ma'arif, teman saya yang lain (sudah memperoleh Ph.D.-nya dan sekarang sudah kembali ke Yogya). Saudara Syafi'i sendiri merasa *rada* heran terhadap Saudara Amien karena, katanya, gagasan itu tidak sejalan dengan jalan pikirannya yang selama ini dikenalnya. "Mungkin Amien sedang menghadapi berbagai desakan di tanah air.", katanya. Tapi Saudara Syafi'i juga menyambut baik cetusan pikiran Saudara Amien itu. Sebab, baginya, merupakan indikasi kemajuan pandangan sarjana ilmu politik itu.

Perasaan saya sendiri seperti Saudara Syafi'i. Malah saya khawatir bahwa sebenarnya wartawan *Panji Masyarakat* salah kutip ucapannya. Dan, meskipun Saudara Amien dikenal sebagai salah seorang sarjana terkemuka di kalangan angkatan muda Islam, namun tetap masih ada kemungkinan ia salah ucap atau mengalami silap lidah. Maka komentar dukungan saya kepada Saudara Amien itu saya tunda, sampai jelas ia tidak meralat atau mencabut kembali wawancaranya itu. Ternyata, sebelum saya sempat memberi komentar dukungan itu, Pak Roem telah membuatnya dengan cara yang amat bijaksana dan tepat. Ini adalah suatu *hikmah* yang luar biasa. Selain terharu dan berterima kasih kepada Pak Roem tadi, saya juga amat bersyukur kepada Allah *subhanahu wa ta'ala*. Bagi saya, ini adalah nikmat karunia Ilahi yang besar sekali nilainya. "Dan barangsiapa dikaruniakan kepadanya *hikmah*, maka ia benar-benar telah mendapatkan karunia kebaikan yang melimpah-ruah." Begitu (terjemahan) firman Allah dalam surah Al-Baqarah: 269.

Barangkali ketika menulis tanggapan itu, Pak Roem tidak begitu menyadari betapa besar pengaruh positifnya bagi generasi Muslim Indonesia yang lebih muda seperti saya ini. Telah saya katakan bahwa kejelasan pandangan sosial-politik serupa itu telah lama ditunggu-tunggu dari para pemimpin Islam Indonesia yang lebih tua, disebabkan oleh adanya berbagai ganjalan sosial-politik yang dirasakan oleh generasi yang lebih muda. Ganjalan itulah yang dengan sangat kuat kami, para aktivis Muslim di masa-masa permulaan Orde Baru, rasakan, dan telah mendorong kami berusaha sebisa-bisanya mencari suatu jalan pemecahan. Benar atau salah, tepat atau meleset, *nastiti* atau sembrono, untuk maksud dan tujuan itulah kami, yang saat itu sedang memegang pucuk pimpinan HMI dan PII, awal tahun 1970 melancarkan suatu gagasan yang untuk sebagian kalangan dianggap kontroversial itu. Kalau saya merasa mendapati adanya kecocokan dengan Pak Roem, sesungguhnya bukanlah suatu yang sangat mengherankan. Sebab seingat saya Pak Roem adalah salah seorang dari kalangan Angkatan Islam '45 yang jelas menunjukkan sikap simpatik dan membesarkan hati kepada kami. Saya masih ingat benar betapa setelah saya bersama teman-teman mencetuskan ide kami yang kontroversial itu, Pak Roem datang ke kantor PB HMI di Jl. Diponegoro 16, menyalami saya, dan menyatakan penghargaan atas apa yang telah saya perbuat, yang menurut Pak Roem waktu itu baru merupakan sebuah *statement of intent*, yang masih menuntut tindak lanjut lebih konkrit dan penggarapan lebih nyata.

Sudah tentu saya dan teman-teman ingin sekali menindaklanjuti cetusan gagasan dan *statement of intent* itu. Untuk itu kami pun telah melakukan hal-hal yang mungkin, setaraf dengan kemampuan yang ada. Polemik dan dialog pun terjadi. Tetapi sayang, seperti dikatakan oleh salah seorang teman saya, Saudara Djohan Effendi, polemik dan dialog itu berjalan secara "kurang dewasa dan cerdas". Sebab, tanpa diduga sebelumnya, persoalan meluncur begitu rupa sehingga bergeser dari hal pemikiran menjadi hal yang sering bersifat pribadi dan bernada emosional. Apalagi reaksi negatif terhadap gagasan-gagasan kami itu kebanyakan tertumpu kepada isu sekularisasi, seolah-olah isu merupakan satu-satunya tema pikiran kami.

Memang disesalkan bahwa dalam mencetuskan gagasan itu saya telah menggunakan istilah-istilah kontemporer, seperti "sekularisasi", yang secara etimologis belum mantap dan sampai sekarang masih tetap kontroversial. Seperti dulu telah saya coba seberapa dapat menjelaskannya, dengan istilah sekularisasi itu saya maksudkan berbagai bentuk pembebasan diri dan umat dari cara pendekatan dan penyelesaian yang salah kaprah terhadap berbagai problema, khususnya di bidang sosial-politik.

Menurut pendapat saya, kesalah-kaprahan pendekatan dan penyelesaian itu terjadi karena ketidak-tepatan memahami prinsip-prinsip umum agama Islam dan kegagalan menangkap pesan zaman dan tuntutan ruang. Untuk proses pembebasan itu, bisa disebutkan sebagai contoh sederhana hal yang kini sudah dianggap jamak lumrah seperti misalnya, introduksi huruf Latin dan ilmu pengetahuan umum dalam lembaga-lembaga pendidikan Islam. Menurut pendapat saya, begitu juga pendapat banyak ahli, proses pada umat yang dirintis oleh berbagai gerakan reformasi seperti Muhammadiyah itu, secara teknis (bukan filosofis), adalah suatu bentuk proses sekularisasi. Untuk menyadari kegawatan proses itu, pada awal mulanya kita hanya harus mengingat-ingat pendapat umum umat saat itu, seperti terwakili oleh kebanyakan pesantren dan madrasah tradisional, yang mengharamkan huruf Latin dan pengetahuan umum. Sampai saat ini pun masih tidak sulit menemukan lembaga pendidikan Islam tradisional yang menganut paham serupa itu.

Bagi saya, sikap mengharamkan huruf Latin dan ilmu pengetahuan umum itu adalah suatu contoh tindakan pensakralan (sakralisasi) yang tidak pada tempatnya. Secara etimologis perkataan *haram* memang berarti sakral, dalam makna suci ataupun tabu, seperti, misalnya, pengertian pada ungkapan *al-Masjid al-Haram* (Mesjid Suci), dan pada ketentuan bahwa daging babi adalah haram (tabu, terlarang). Banyak hal sakral dalam agama, yang karena merupakan ajaran jelas (*muhkam*) harus dipertahankan demikian. Tetapi, sebenarnya, kebanyakan kegiatan hidup ini adalah *mubah* (netral) belaka. Kaidah yurisprudensi Islam mengatakan *"Al-asl fi al-asyya' al-ibahah, illa iza ma dalla al-dalil 'ala khilafihi"* (Prinsip semua perkara ialah kemubahan/ kenetralan, kecuali jika ada bukti yang menunjukkan sebaliknya). Tentu saja banyak orang Islam mengetahui prinsip itu. Tetapi saya melihat sedikit sekali yang menyadari implikasinya yang luas dan amat melapangkan jalan bagi umat itu, khususnya dalam bidang sosial-politik. Karena itu, di kalangan umat banyak sekali terjadi sakralisasi yang tidak pada tempatnya, baik berupa pensucian ataupun penabuan. Misalnya, suatu contoh yang paling gampang dipahami, ialah pensucian makam-makam. Sudah tentu semakin kompleks dan abstrak sakralisasii itu, seperti bidang politik, semakin pula memerlukan telaah yang tinggi untuk bisa memahami persoalannya.

Oleh karena itu dalam berbagai kesempatan (dulu) saya tegaskan bahwa sebagai proses pembahasan, sekularisasi bisa lepas dari sekularisme yang sesungguhnya merupakan ajaran filsafat yang menandingi agama itu. Sudah tentu sebagai orang Muslim (yang *muslim*) kita sudah dengan sendirinya menolak sekularisme. Saya telah berusaha menganalogikannya dengan rasionalisme. Sebab rasionalisme sebagai paham tersendiri, apalagi sebagai filsafat, adalah jelas tidak sesuai dengan jiwa ajaran Islam. Tapi kita dibenarkan melakukan tindakan rasional ataupun rasionalisasi tanpa menganut rasionalisme. Maka saya berpendapat bahwa sekularisasi tidak selalu sama dengan sekularisme, sebab pada contoh sederhana yang saya sebutkan di atas, pembolehan huruf Latin dan ilmu pengetahuan ("umum") itu tidaklah terjadi karena menerima paham yang menolak adanya Hari Kemudian itu, tapi — inilah yang amat penting — justru karena adanya pemahaman yang lebih tepat akan prinsip-prinsip umum ajaran agama. Dengan kata lain, "penghalalan" huruf Latin dan ilmu pengetahuan umum tadi, misalnya, terjadi sebagai akibat adanya kesadaran intelektual keagamaan yang lebih tinggi, yang menghasilkan fungsionalisasi ajaran-ajaran dasar agama itu sendiri.

Maka dari itu saya juga pernah menjelaskan bahwa salah satu maksud sekularisasi itu ialah menyentuh-tanahkan (me-*landing*-kan) ajaran-ajaran agama sehingga menyambung dengan kehidupan nyata dan menjadi relevan dengan ruang dan waktu. Ini yang membuat almarhum Ahmad Wahib, seorang teman saya, berpendapat bahwa sekularisasi saya itu tidak akan lebih dari apa yang telah dilaksanakan oleh Muhammadiyah. Penilaian Ahmad Wahib itu ada benarnya. Tetapi jelas saya menginginkan sesuatu yang merupakan pengembangan logis lebih jauh dan lebih fundamental dari dasar pikiran ke-Muhammadiyah-an itu, yang harus dikenakan juga kepada bidang-bidang yang lebih strategis seperti bidang sosial-politik. Jika Muhammadiyah mengikuti dengan setia ajaran dasarnya sendiri, kemacetan pemikiran sosial politik Islam di Indonesia tidak perlu separah sekarang, tidak perlu saya merasa tergugah oleh wawancara Saudara Amien Rais, dan tidak perlu saya merasa terharu atas tulisan Pak Roem.

Tetapi biarlah tidak kita teruskan pembicaraan mengenai sekularisasi itu secara berlarut-larut. Meskipun saya menyesali adanya pemusatan sepihak pada isu sekularisasi dalam banyak reaksi negatif kepada gagasan-gagasan saya itu, dan biarpun sangat disayangkan bahwa para pengritik saya kurang memberi perhatian yang lebih bersungguh-sungguh kepada ide dasar saya, namun saya mengakui dan menyadari sepenuhnya sifat istilah itu yang kontroversial. Istilah itu sendiri, seperti halnya setiap bentuk alat komunikasi linguistik, bagi saya hanyalah suatu *piranti* untuk mengetengahkan ide, sedangkan yang pokok ialah idenya itu. Maka sementara saya bisa mempertahankan ide itu, *piranti*-nya bisa diganti. Seperti halnya dengan nama, *piranti* tidaklah esensial. *What is in a name*, begitu kata Pak Roem mengutip Shakespeare. Apalagi jika ternyata *piranti* atau papan nama itu memajaki kita secara kelewat mahal.

Justru kesadaran akan perbedaan penting mana yang instrumental dan mana yang intrinsik itulah yang mendasari persetujuan dan dukungan saya kepada pernyataan Saudara Amien Rais bahwa Islam tidak (secara eksplisit) memerintahkan kita mendirikan apa yang dinamakan "Negara Islam", sama halnya dengan pendapat Pak Roem. Seperti kata Pak Roem, banyak orang alergi kepada istilah "Negara Islam". Begitu pula banyak orang alergi kepada istilah "sekularisasi". Sebab itu saya sampai kepada kesimpulan bahwa istilah kontroversial itu lebih baik tidak digunakan, karena sangat mengganggu. Apalagi ternyata "memperjuangkan" diterimanya suatu versi pengertian tertentu tentang istilah itu, versi Harvey Cox misalnya, nampaknya suatu hal yang sia-sia. Sikap ini saya dasarkan kepada telaah mutakhir sekularisasi dan sekularisme, seperti menurut Peter E. Glasner dalam bukunya, *The Sociology of Secularization* (London: Routledge & Kegan Paul, 1977).

Barangkali Pak Roem juga mengetahui bahwa reaksi kepada gagasan-gagasan kami datang paling gencar dari Pak Rasyidi. Kami pun telah memberi jawaban kepadanya. Tapi hanya secara terbatas dan tidak langsung. Sebabnya, begitu Pak Rasyidi mulai menyerang, saya segera dipanggil oleh Ustaz Abdul Ghaffar Isma'il dari Pekalongan dan *diwanti-wanti* agar tidak menjawab secara langsung. Ustaz Ghaffar tidak lupa memberi dorongan kepada saya untuk belajar lebih banyak, sambil menghibur, "Kamu bisa lebih besar dari Rasyidi," kata beliau. Berbagai alasan telah dikemukakan Ustaz Ghaffar untuk *wanti-wanti*nya dan dorongan belajarnya itu. Sekarang saya amat berterima kasih kepada beliau atas nasihat-nasihatnya itu, dan bersyukur dapat sebegitu jauh melaksanakannya. Dorongannya untuk belajar telah membawa saya sampai ke Universitas Chicago ini. Bukan agar menjadi "lebih besar" dari Pak Rasyidi, seperti dihiburkan oleh Ustaz Ghaffar itu; tapi sebagai usaha memahami lebih baik agama sendiri beserta persoalan-persoalannya di zaman modern ini. Juga bukan karena merasa diri sendiri "lebih terpanggil" daripada orang lain, tapi karena menyadari bahwa usaha di bidang ini merupakan suatu *fardu kifayah*, dan semakin banyak yang mengerjakannya maka semakin besar pula harapan untuk berhasil.

Saya sendiri sebenarnya dari semula sudah amat meragukan kegunaan menurutkan keinginan diri sendiri dan desakan kawan-kawan untuk menjawab Pak Rasyidi secara lebih tuntas saat itu. Tidak saja berdasarkan nasihat Ustaz Ghaffar, tapi juga karena cara Pak Rasyidi menangani suatu permasalahan dan melakukan pembahasan. Keraguan itu kini diperkuat oleh kenyataan bagaimana cara Pak Rasyidi "menangani" Pak Harun Nasution dan Pak Mukti Ali, suatu cara yang banyak disesalkan orang. (Dulu saya bisa memahami cara Pak Rasyidi menangani saya dan kawan-kawan, karena kami menyadari kejunioran kami dibanding dengan Pak Rasyidi. Tapi akan halnya Pak Harun dan Pak Mukti? Mereka ini dulu, apalagi sekarang, bukanlah junior-juniornya Pak Rasyidi).

Tapi, walaupun perlakuan Pak Rasyidi kepada saya dan teman-teman itu kami rasa kurang pada tempatnya, namun kami Insya Allah tidak berburuk-sangka kepadanya. Sebab, paling tidak, kami sudah merasakan sendiri betapa pahitnya diburuk-sangkai. Tapi juga karena tak sampai hati, atau kurang masuk akal, memburuk-sangkai tokoh seperti dia. Saya meyakini diri sendiri bahwa dia itu ikhlas dalam apa yang dia lakukan. Kritik-kritiknya kami baca dan telaah dengan baik serta kepala dingin, sambil meneliti segi-segi kekuatan dan kelemahannya. Untuk segi-segi kekuatannya, tentu saya berterima kasih kepada Pak Rasyidi. Sedangkan untuk segi-segi kelemahannya, saya selalu mencoba menyadarkan diri tentang kelemahan manusia dan ketidaksempurnaannya. Sikap ini tidak hanya sekarang saya kemukakan, tapi juga saya sebutkan dalam kertas saya untuk Konferensi Indonesia di Universitas Wisconsin di Madison, Wisconsin, pada tahun 1976. (Kertas saya itu, bersama dengan kertas orang-orang lain, kemudian diterbitkan oleh Universitas Ohio di Athens, Ohio). Pada saatnya nanti, demi kebaikan kita semua, insya Allah saya akan menuangkan secara menyeluruh sikap saya kepada kritik-kritik Pak Rasyidi dan lain-lain dengan cara yang, menurut istilah Saudara Djohan Effendi, "dewasa dan cerdas", sudah tentu menurut kemampuan yang ada.

Hal di atas itu semua secara garis besar melukiskan sebagian dari posisi saya dan teman-teman berkenaan dengan persoalan gawat Islam dan politik itu. Jika Pak Roem memahami posisi itu, Pak Roem juga akan memahami apa maknanya bagi saya tulisan Pak Roem di *Panji Masyarakat* itu. Seperti telah saya katakan, tulisan itu, mungkin secara sepihak, saya anggap dukungan moral dan intelektual bagi jalan pikiran saya sendiri. Saya yakin bahwa banyak teman yang berpendapat sama, seperti terbukti dari yang bisa saya hubungi sekitar Chicago ini, sebagaimana telah saya singgung tadi.

Suatu kebetulan yang sangat baik bahwa edisi *Panji Masyarakat* yang memuat tulisan Pak Roem itu, atas kebijaksanaan Redaksi, juga memuat tulisan Fathi Osman, Pemimpin Redaksi Majalah *Arabia* dari Inggris, tentang berbagai parameter "Negara Islam". Saya menerjemahkannya, karena saya melihat kesejajaran idenya dengan ide saya. Dengan menirukan Pak Roem, rekapitulasi ide itu, secara garis besarnya, adalah sebagai berikut:

1. Liputan Islam kepada segenap persoalan hidup sebenarnya terjadi, terutama, hanya pada *level* ajaran etisnya saja, yang bertitik-apikan doktrin bahwa segala perbuatan sadar *(ikhtiari)* manusia harus semata hanya untuk Allah, demi rida-Nya. Inilah dasar paham bahwa Islam tidak *memisahkan* antara kegiatan "profan" dan kegiatan "sakral", namun jelas tetap *membedakan* antara keduanya, terutama dalam cara pendekatannya.
2. Dengan begitu bidang politik, seperti juga banyak bidang yang lain, sesungguhnya diliput Islam hanya secara garis besar segi etisnya saja. Sedangkan pada tingkat di bawah *level* etis itu, Islam tidak, atau sedikit sekali, dan rasanya memang tidak perlu, memberi ketentuan terperinci. Hal ini mengingat pentingnya dibiarkan adanya ruang gerak secukupnya dalam sistem paham kaum Muslimin untuk mengakomodasikan tuntutan-tuntutan khusus ruang dan waktu.
3. Karena itu perincian praktis bidang politik itu, seperti halnya dengan banyak bidang yang lain, terwujud oleh perkembangan sejarah, dan tumbuh sebagai hasil kegiatan intelektual kemanusiaan. (Berkenaan dengan ini, Fathi Osman menyebut tinjauan Joseph Schacht dan

Fazlur Rahman). Menurut dia, para pemikir Muslim memikul tanggung-jawab berat untuk memberi kejelasan mana hal-hal yang *parametris* dan mana pula yang merupakan *variabel* historis.

4. Pendekatan bidang politik berbeda dari bidang syari'ah (yaitu syari'ah dalam pengertiannya yang sempit — meminjam istilah Saudara Amien Rais — yang sebagai istilah teknis dan historis memang mengandung perbedaan dengan apa yang dimaksud dalam Al-Qur'an). Politik bukanlah bagian dari syari'ah sempit itu, tapi berdiri berdampingan dengannya. Ia lebih mendekati filsafat, dengan dinamika dan wataknya sendiri.
5. Meskipun seharusnya mengilhami ideologi politik orang-orang Muslim, tapi Islam itu sendiri bukanlah, dan tidak bisa disebut sebagai, sebuah ideologi atau teori (dengan implikasi hasil pemikiran manusia), seperti banyak dikatakan para pemikir Muslim apologetik. Sebab, sebagai agama atau *ad-din* Islam adalah suatu pengajaran yang bersifat Ilahi (wahyu), yang harus diterima dan dipertahankan demikian.
6. Letak sebenarnya konsep Islam di bidang politik berada pada sekitar pertengahan antara dua pendapat ekstrem yang berlawanan: 'Ali Abdul Raziq di satu pihak, dan Sayyid Qutb serta Maududi di pihak lain.
7. Dalam bidang politik itu, umat Islam dibenarkan belajar dan mencontoh siapa saja, biarpun bukan Muslim, asalkan nuktah-nuktah persoalannya relevan dan tidak bertentangan dengan nilai-nilai dasar Islam.
8. Demokrasi, meskipun banyak kekurangannya, adalah suatu warisan kemanusiaan yang tiada ternilai harganya,

yang untuknya sampai sekarang belum diketemukan alternatif yang lebih unggul.

9. Meskipun dikatakannya bahwa demokrasi tidak musti melibatkan sekularisasi, tapi Fathi Osman juga mengharap agar para pemikir dan politisi, demi kejernihan dan kecermatan, menerangkan bahwa sekularisme itu sendiri, menurut definisinya yang benar, tidaklah berarti permusuhan kepada agama.
10. Disayangkan oleh Fathi Osman bahwa banyak kaum Muslim menderita paranoia menghadapi Barat, sehingga reaksi mereka kepadanya kurang wajar. Sebaliknya banyak orang Barat yang dikungkung oleh prasangka dalam memandang Islam, sehingga penilaian mereka kepadanya tidak objektif. Fathi Osman mengharapkan adanya dialog yang sehat dan terbuka antara kedua peradaban besar itu, demi kepentingan umat manusia sejagad.

Nuktah-nuktah tersebut telah tercakup dalam tulisan Pak Roem, baik tersurat maupun tersirat. Tapi ada nuktah menarik dari Pak Roem yang harus ditambahkan di sini secara khusus, yaitu bahwa konsep Islam tentang kemasyarakatan dan politik itu telah mencapai kesempurnaannya pada masa-masa terakhir misi Rasulullah saw. sejak turun wahyu *Al-yauma akmaltu lakum dinakum...* sampai wafat beliau, yang jangka waktunya tidak lebih dari sekitar tiga bulan. Implikasinya ialah, seperti diisyaratkan oleh Pak Roem, bahwa sesudah itu tidak ada lagi "Negara Islam" yang sempurna, karena tidak ada orang yang lebih mendekati kesempurnaan seperti Nabi.

Sudah barang tentu keseluruhan tingkah laku (Sunnah) Nabi selama hidupnya adalah pengejawantahan agama, termasuk sistem hubungan manusia yang dibangunnya di Madinah serta kelanjutannya yang jelas merupakan sebuah bentuk negara. (Tapi menarik sekali untuk dicatat pendapat Ibn Taimiyyah yang amat kontroversial bahwa Nabi *ma'sum* (tak bisa salah) hanyalah dalam tugasnya menyampaikan wahyu (*tablig*) saja; sedangkan di luar tugas itu, seperti ternyata dari beberapa rekaman dalam Al-Qur'an, Nabi adalah seorang manusia, yang meskipun istimewa namun tetap bisa salah). Adalah kewajiban setiap Muslim, sebagai suatu hal yang logis pada setiap penganut suatu agama atau paham, untuk berusaha sedapat-dapatnya mewujudkan ajaran yang diyakininya itu dalam kehidupan nyata, termasuk dalam bernegara dan bermasyarakat. Tetapi jelas sekali sebutan "Negara Islam" yang formalistik itu tidak pernah digunakan, baik oleh Nabi sendiri maupun para penggantinya selama berabad-abad, dan jelas sekali pula bahwa ia muncul di kalangan umat hanya sebagai gejala di zaman modern ini saja. Kemunculannya itu bisa dipelajari dalam kaitannya dengan bentuk interaksi umat dengan golongan-golongan lain, dan akan jelas bahwa ide itu, apalagi sebutan formalnya, adalah suatu *variabel* historis-sosiologis, bukan esensi agama Islam itu sendiri.

Nuktah Pak Roem tersebut di atas, menurut saya, sejalan dengan doktrin bahwa Nabi Muhammad saw. adalah utusan Tuhan yang terakhir. Sejak itu wahyu telah berhenti, dan berhenti pula adanya otoritas keagamaan pada perorangan manusia. Wahyu telah mencapai titik kesempurnaannya dalam Al-Qur'an yang telah mencukupi segala keperluan manusia untuk meletakkan *pondasi* sistem kehidupannya. Sedangkan pengembangan lebih lanjut bangunan di atas *pondasi* itu, yaitu bangunan peradaban dan kebudayaan, harus diikhtiarkan oleh manusia sendiri, dengan menggunakan akalnya. Akal itu, seperti banyak disebutkan dalam Al-Qur'an dan tafsir-tafsirnya, adalah amanat Allah kepada umat manusia, guna menunjang misinya selaku khalifah-Nya di bumi. Dalam menjalankan misi membangun dunia ini, hak dan kewajiban masing-masing pribadi manusia adalah sama, dan pengejawantahannya jelas menuntut terbentuknya suatu tatanan yang demokratis. Dalam bidang kenegaraan ini, seperti jelas terbukti dari sejarah Islam, kaum Muslimin dibenarkan bekerja sama dengan golongan lain. (Bahkan Nabi sendiri pun, sesuai dengan perjanjian yang kini sering disebut sebagai "Konstitusi Madinah", pada awal periode setelah Hijrah bekerja sama dengan kaum Yahudi dalam bidang pertahanan. Menarik sekali membuat hipotesis tentang perkembangan Madinah seandainya tidak terjadi pengkhianatan orang-orang Yahudi itu). Maka bentuk formal tatanan kenegaraan bagi kaum Muslimin bisa bermacam-macam, asalkan tatanan itu memberi ruang bagi terlaksananya cita-cita dasar Islam tersebut.

Sudah tentu, biarpun dilakukan secara terbuka dan bekerja sama dengan golongan bukan Islam, seorang Muslim itu sendiri dalam bernegara harus dengan *niat* semata untuk Allah swt., demi rida-Nya. Penggunaan akal kemanusiaannya itu adalah hakikat *ijtihad*, yang sesungguhnya secara kurang kena telah saya sebut sebagai sekularisasi. Istilah "ijtihad yang lebih dikembangkan" tentu akan lebih *safe* dan terasa orisinal. Pak Roem juga menegaskan perlunya pengembangan ijtihad itu dalam tulisan Pak Roem. Dikatakan "lebih dikembangkan", sebab jelas konsep ijtihad seperti yang dikenal sekarang tidak lagi memadai, dan harus di-*blow-up* begitu rupa sehingga menjadi lebih responsif kepada tuntutan riil zaman sekarang. Sekali lagi, saya lihat ada wawasan Ibn Taimiyyah yang relevan dengan hal ini.

Pandangan di atas, seperti halnya dengan berbagai nuktah yang telah terdahulu disebutkan, mungkin kedengaran biasa-biasa saja untuk kebanyakan kita. Hal ini, saya duga karena kebiasaan kita berpikir secara *ad hoc*, dalam arti kita menerima suatu pandangan tertentu hampir tanpa mempedulikan kaitan organisnya dengan ajaran-ajaran yang lebih mendasar. Maka jika suatu pandangan tertentu yang nampak *taken for granted* dicoba dibuatkan penalaran intelektualnya dalam suatu tinjauan yang lebih mendasar, orang pun akan melihatnya sebagai tidak biasa-biasa lagi, dan mungkin satu per satu akan surut dari kesetujuannya. Padahal, saya rasa, penalaran seperti itu sangat diperlukan jika kita menghendaki diperjelasnya kaitan organis suatu pandangan yang telah diterima dengan ajaran yang lebih mendasar, sehingga tidak mengesankan sebagai semata-mata hasil *comotan* yang sewenang-wenang. Penalaran itu juga diperlukan sebagai titik tolak pengembangannya lebih lanjut secara konsisten, lestari dan *lumintu*.

Saya mempunyai kesan kuat bahwa sesungguhnya para tokoh *intelektual* Masyumi, khususnya pada masa-masa sebelum Pemilu 1955, menganut pandangan politik yang sama seperti dikemukakan Pak Roem. Karena itu saya sering menyatakan harapan agar mereka membuatkan rumusan intelektualnya dalam suatu pembahasan yang sistematis dan mendasar. Ini tidak saja akan memberi kejelasan bagi berbagai kesenjangan sejarah (Islam) Indonesia masa lalu yang tidak terlalu jauh itu, tapi juga akan merupakan khazanah yang bisa menjadi bahan garapan selanjutnya bagi generasi mendatang. Misalnya, pada awal Orde Baru, ketika kami sangat memerlukan pegangan ideologis-intelektual yang memadai untuk menghadapi berbagai krisis yang terjadi, merasa kecewa dengan tiadanya penalaran tersebut. Tulisan-tulisan yang lama memang masih berharga, tapi tidak cukup memadai sebagai penalaran yang dimaksud, disebabkan kurangnya hubungan sistematis antara satu bagian dengan lainnya.

Tetapi, sekarang, dalam suatu perenungan kembali, kami menyadari bahwa harapan adanya penalaran itu dari para tokoh Masyumi dan Angkatan 45 lainnya adalah kurang realistis. Sebab mereka itu, sesuai dengan tuntutan zamannya, hidup dan berjuang dalam suasana yang agaknya tidak memungkinkan kontemplasi pribadi yang mendalam. Karena itu, saya kira, usaha penalaran tersebut lebih merupakan tugas angkatan yang lebih muda, yang tumbuh dalam alam kemerdekaan (berkat Angkatan 45!) dan hidup dalam suasana politik yang relatif lebih stabil. Penalaran itu tidak saja diharap akan *membakukan* (tapi sama sekali tidak boleh *membekukan*) berbagai jalan pikiran Muslim Modernis Indonesia, melainkan juga untuk menstabilkan gagasan-gagasannya sebagai landasan pengembangan seterusnya.

Tulisan Pak Roem di *Panji Masyarakat* itu merupakan suatu pernyataan politik yang dapat berfungsi sebagai mata rantai (yang pernah hilang) untuk mencari kesinambungan baru antara masa lampau dan masa datang suatu aspek pemikiran Islam di Indonesia. Kesinambungan seperti itu akan merupakan tambahan unsur legitimasi historis kepada gagasan-gagasan yang dikembangkan, yang setidaknya akan mempunyai makna psikologis yang tidak kecil artinya. Apalagi jika *the missing link* itu diketemukan pada tokoh seperti Pak Roem, yang diakui peranannya selaku salah seorang bapak pendiri (*founding father*) Republik Indonesia, yang tak bercacat.

Tapi, benarkah hanya Pak Roem dari kalangan "orang-orang tua" (istilah esoteris kami) yang berpandangan seperti tulisan Pak Roem itu? Rasanya kok tidak. Sebab nada dan semangat tulisan Pak Roem itu adalah nada dan semangat Modernisme Islam Indonesia yang dirintis oleh Haji Samanhudi dan dikembangkan oleh H.O.S. Tjokroaminoto, tokoh-tokoh yang Pak Roem sebutkan dalam tulisan. Kemudian Modernisme itu disemaikan dalam JIB oleh Agus Salim. Pak Natsir, misalnya, saya kira menganut pandangan yang sama dengan apa yang diungkapkan Pak Roem itu. Ini bisa dipahami, atau disimpulkan, dari pidatonya di Pakistan pada awal dasawarsa 50-an, di mana ia mengungkapkan bahwa Republik Indonesia, disebabkan dasar Ketuhanan Yang Maha Esa-nya dalam Pancasila, tidaklah kurang keislamannya dibanding Republik Islam Pakistan. Dalam pidato yang kemudian diterbitkan oleh Universitas Cornell itu, Pak Natsir juga menegaskan bahwa Islam tidak menghendaki teokrasi seperti yang lazim dipahami orang Barat (bandingkan dengan yang dilakukan olah para Mullah di Iran sekarang!), tapi menghendaki sesuatu yang lebih demokratis. Lebih menarik lagi ialah pandangan Pak Natsir bahwa negara-negara Eropa Barat dan Amerika Utara pada hakikatnya adalah negara-negara Kristen! Pak Natsir menyebut sebagai buktinya berbagai ucapan dan tindakan para pemimpin negara-negara itu sering membuat rujukan kepada agama Kristen, seperti misalnya yang dilakukan oleh Franklin D. Roosevelt, Presiden Amerika Serikat yang terkenal.

Pikiran Pak Natsir itu sejalan dengan pandangan banyak para ahli sosiologi seperti Talcott Parsons dan Robert N.

Bellah. Parsons bahkan mengatakan bahwa nilai-nilai Kristen belum pernah terwujudkan sesempurna seperti pada masyarakat Amerika Serikat sekarang ini! Bellah terkenal dengan pembahasannya tentang *civil religion* di negara-negara maju. Jadi negara-negara Barat itu, biarpun telah mengalami apa yang dinamakan sekularisasi, masih tetap merupakan negara-negara Kristen! Tentang Amerika Serikat, misalnya, banyak ahli yang mengatakan bahwa negara itu berdiri di atas etika WASP (*White Anglo-Saxon Protestants*), meskipun dalam batas yang jauh relatif tidak mengenal diskriminasi agama.

Pidato Pak Natsir itu mengingatkan saya kepada pandangan Muhammad Asad. Suatu negara bisa disebut negara Islam, dalam artian seperti Amerika sekarang ini bisa disebut negara Kristen. Tentu saja dengan peningkatan segi etika dan moralnya, sesuai dengan semangat pidato Pak Natsir itu. Namun ada segi-segi lain yang membuat kami merasa kurang bisa memahami keseluruhan wawasan Pak Natsir. Misalnya, mengapa Pak Natsir, sejak Pemilu 1955, tumbuh menjadi simbol "perjuangan" untuk "Negara Islam" Indonesia? Lebih tidak kami mengerti lagi, mengapa Pak Natsir, setelah "berjuang" untuk "Negara Islam" itu, bergabung dengan PRRI, yang di dalamnya juga tergabung orang-orang yang tidak setuju, bahkan menentang konsep "Negara Islam"? Apalagi konon Bung Hatta, malah juga pimpinan Masyumi sendiri (Pak Prawoto dan kawan-kawan), telah menyatakan bahwa PRRI itu tidak konstitusional.

Tapi saya kira, Pak Roem sendiri pun nampaknya juga tidak memahami keseluruhan Pak Natsir. Misalnya, saya harap Pak Roem masih ingat, cerita Pak Roem kepada saya dalam perjalanan pulang dari suatu "Diskusi Cibulan" tahun

70-an awal, prakarsa Pak Sim (Jendral Simatupang) dan kawan-kawan. Dalam perjalanan satu mobil milik Pak Umar Tusin yang juga disertai Mas Anwar Haryono itu, Pak Roem bercerita tentang berbagai pengalaman perjuangan beliau. Salah satu hal yang dikemukakan Pak Roem ialah keheranan Pak Roem bahwa Pak Natsir, selaku pemimpin partai besar, selalu datang (*sowan*?) kepada Sjahrir, seorang pemimpin partai kecil. Lalu Pak Roem juga menggambarkan keangkuhan Sjahrir, sehingga Bung Hatta pun, selaku Wakil Presiden, tidak mampu memanggilnya menghadap ketika yang pertama itu menjadi Perdana Menteri! Sjahrir malah meminta, kata Pak Roem, supaya Bung Hatta yang "menghadap" dia! (Pak Roem juga cerita, antara lain, bagaimana suatu tulisan Pak Roem ditolak oleh *Abadi* gara-gara berjudul "Mencium Hostess", tanpa dilihat isi dan pesan yang dikandungnya. Tulisan itu kemudian Pak Roem kirimkan ke *Kompas* yang kemudian malah dimuat dalam *Intisari* dengan honorarium, kata Pak Roem sambil ketawa, yang lebih besar dari yang sekiranya bisa diberikan oleh *Abadi*! Lagi-lagi, bukankah itu sebuah contoh persoalan *What is in a name?*)

Saya sendiri yakin bahwa Pak Natsir mempunyai alasan-alasan yang *maton* mengenai hal-hal yang saya dan teman-teman kurang bisa pahami di atas itu, yang diharapkan suatu saat akan terungkap semuanya. Sementara itu, selama berada di Amerika ini, satu-dua informasi kecil telah sampai kepada saya yang sedikit memberi harapan kejelasan. Misalnya, mengenai "Negara Islam" di atas, Saudara Syafi'i Ma'arif mengatakan bahwa Pak Natsir, dalam suatu wawancara dengan dia, mengungkapkan bahwa istilah "Negara Islam" itu tidak datang dari dia, tapi dari orang-orang lain seperti Kartosuwiryo. Hal serupa juga pernah terungkap, kalau tidak salah, dalam wawancara Pak Natsir dengan majalah *Tempo* pada nomor sekitar peristiwa pembajakan pesawat Garuda oleh jamaah Imran yang lalu. Dan tentang keterlibatan Pak Natsir dalam PRRI itu, juga kata Saudara Syafi'i Ma'arif, kini telah dipelajari oleh George McT. Kahin dari Universitas Cornell, yang bakal mengungkapkan bahwa dalam PRRI itu peranan Pak Natsir katanya adalah justru positif, karena Pak Natsir berhasil mencegahnya menjadi gerakan separatis total. Saya tidak tahu apakah Kahin telah keluar dengan hasil studinya yang diterbitkan. Jika benar seperti apa yang dikatakan Saudara Syafi'i, tentu studi itu akan bisa menjadi bahan pemberi kejelasan yang penting.

Informasi kecil namun penting lainnya tentang Pak Natsir ialah yang saya dapatkan dari Montgomery Watt, seorang ahli keislaman yang terkenal. Dalam suatu diskusi di Universitas Chicago pada tahun 1976, Watt mengemukakan kesan-kesannya dari Konferensi *Sirah* (Biografi) Nabi di Pakistan tahun itu yang juga diikuti oleh Pak Natsir. Watt merasa kecewa dengan berbagai pandangan dari para peserta konferensi, kecuali yang dari Pak Natsir dan seorang lagi dari Timur Tengah. Watt mengatakan bahwa pikiran Pak Natsir adalah yang paling maju dan konstruktif, sehingga Watt melihatnya sebagai peserta konferensi yang paling positif terhadap modernisme. Bahkan Watt menilai bahwa Pak Natsir, berkenaan dengan sikapnya terhadap modernisme itu, adalah seorang pengamal apa yang ia namakan "adaptasi positif".

Karena tertarik oleh kesan Watt, saya menulis surat kepada Pak Natsir di Jakarta, untuk *tabayyun* dan meminta bahan-bahan yang relevan. Dalam surat balasannya Pak Natsir nampak tidak menyukai istilah "adaptasi" (sekalipun positif). Tapi saya kira Pak Natsir bisa membenarkan garis besar kesan Watt. Bagi saya, jalan pikiran Pak Natsir di konferensi itu mengingatkan saya kepada Modernisme Islam Masyumi, dan kepada pidato Pak Natsir, juga di Pakistan, yang telah tersebutkan di atas. Maka saya menulis surat kepadanya itu adalah juga didorong oleh harapan adanya bahan kesinambungan baru antara Pak Natsir di satu pihak dan saya beserta teman-teman di pihak lain, jika logika dalam pikiran Pak Natsir tersebut dikembangkan lebih lanjut. (Dalam surat itu juga secara singkat saya utarakan pengalaman saya dalam dialog-dialog dan polemik-polemik pada awal dasawarsa 70-an yang sering melibatkan Pak Natsir. Untuk hal-hal yang bersifat pribadi dan tidak relevan, dalam surat itu saya minta maaf kepada Pak Natsir. Tapi di situ juga saya menegaskan bahwa segi pengembangan ide itu sendiri dalam rangka mencari kebenaran akan saya teruskan bersama kawan-kawan).

Barangkali Pak Roem akan bertanya, sekarang ini posisi saya (dan kawan-kawan) di mana? Sudah tentu posisi saya ialah seperti tergambar pada semangat surat ini. Berhenti dari ikut serta memberi sumbangan kepada umat dan bangsa untuk menemukan jalan keluar dari berbagai kemelutnya adalah tindakan yang kurang bertanggung jawab. Dalam perjalanan sejauh ini saya merasa mendapati kemajuan-kemajuan. Satu per satu saya menemukan teman yang cocok dan dapat diajak berdialog secara tenang dan dewasa, dan dari hari demi hari saya melihat tumbuhnya berbagai gagasan kreatif dari kalangan generasi muda umat. Saya juga menerima kabar-kabar yang baik tentang perkembangan pemikiran Islam di Indonesia yang semakin dewasa dan kreatif. Saya ingin menyebut buku harian teman saya, Ahmad Wahib, yang sangat saya hargai dan kagumi, meskipun jelas saya tidak bisa menerima beberapa nuktah tertentu jalan pikirannya. Orang luar pun, yang bukan-Muslim, ternyata secara tidak langsung ikut menyumbang, seperti Victor Tanja dengan bukunya, *HMI*. Buku itu banyak yang mengritik, tapi saya rasa, dalam tinjauannya mengenai diri saya ternyata agak ironis, lebih baik dan mengesankan lebih jujur daripada yang dibuat oleh seorang kenalan saya, Muhammad Kamal Hassan dari Malaysia, meskipun masih ada kelemahannya. Dan yang terakhir ini ialah tulisan Saudara Syu'bah Asa, salah seorang teman yang paling dikagumi. Dalam eseinya yang berjudul "Sebuah Nyanyian Lain Tanah Air" dalam *Tempo* 12 Maret yang lalu itu, Saudara Syu'bah, boleh saya klaim, menggambarkan dengan singkat, padat, kuat dan penuh keikhlasan pandangan-pandangan kami berkenaan dengan persoalan pokok surat ini.

Inilah, Pak Roem, salah satu soal pokoknya: Kartosuwiryo dan lain-lain yang memperkenalkan istilah "Negara Islam" itu, seperti dikatakan Saudara Syu'bah, adalah "orang Islam pinggiran". Maksudnya, bukan dari kalangan *inti* umat seperti para Kiai dan Ulama. Pernyataan itu kedengaran sederhana, tapi mempunyai implikasi yang jauh, yang menyangkut legitimasi politis-ideologis Islam dilihat dari sudut pandangan yang dominan. Jelasnya, ungkapan itu hendak mengatakan bahwa "orang pinggiran" itu tidak berhak mengemukakan soal "Negara Islam", itu pun kalau soal itu benar; apalagi kalau salah! Yang berhak ialah para Kiai dan Ulama. Tapi justru mereka ini, seperti di pusat-pusat mereka di Jawa Timur dan Jawa Tengah, tidak pernah memperdengarkan suara itu!

Tinjauan Saudara Syu'bah itu mengingatkan pengalaman saya di waktu kecil, di Jombang, ketika seorang paman saya yang anggota NU memperingatkan ayah saya yang anggota Masyumi: *"Gus sampeyan niki lak ulama, kok tumut tiyang sekolahan?"* Ayah saya secara lugu menjawab, *"Aku melok Masyumi mung ing dalem perkara politik; dene perkara agama, aku tetep muride Hadratusy-Syeikh Muhammad Hasyim Asy'ari!"* (Memang ayah saya adalah seorang lulusan Tebuireng yang amat dekat dengan Kiai Hasyim sehingga hampir seperti ayahandanya sendiri).

Gara-gara ayah saya tetap dalam Masyumi itu maka saya harus pindah dari sebuah pesantren di Jombang yang saat itu dikuasai oleh NU, yaitu Pesantren Darul 'Ulum di Rejoso, ke pesantren yang dianggap "milik" orang Masyumi, yaitu Pesantren Darus-Salam Gontor Ponorogo! Maka ketika masuk IAIN Jakarta, menjadi mahasiswa, saya pun masuk HMI, bukan PMII; dan setelah dibesarkan dalam HMI itu, lawan dialog saya adalah orang-orang Masyumi, bukan orang-orang NU! Tapi jika kita percaya kepada psikoanalisa yang melihat sangat pentingnya pengalaman seseorang masa kecil sampai umur belasan tahun separuh pertama, maka bolehlah dikatakan bahwa saya ini adalah seorang (dengan kultur) NU, meskipun bukan anggota NU! Sebab sampai dengan umur sekitar 15 tahun, kegiatan utama saya ialah mempelajari kitab-kitab (kuning, kata sebagian kawan) dan menghafal nazam-nazam seperti *Hidayah as-Sibyan, 'Aqidah al-'Awwam, Jauharah at-Tauhid, Bad'al-Amal, 'Awamil, 'Imriti, Alfiyyah*, dan lain-lain sebangsa itu. Demikian pula suasana rumah tangga orangtua saya, sampai sekarang ini. (Bahkan sebetulnya ayah saya dulu bertahan di Masyumi dan tidak mau pindah ke NU seperti paman-paman saya, adalah karena ia berpegang teguh kepada fatwa yang katanya dikeluarkan oleh Kiai Hasyim yang mengatakan bahwa

Masyumi adalah satu-satunya partai politik Islam yang sah di Indonesia).

Pak Roem, itulah sebuah lukisan tentang persoalan legitimasi politis-ideologis di kalangan umat. Ternyata sebenarnya tidak sederhana. Karena itu gampang menimbulkan bentrokan. Berdasarkan pandangan tradisional pesantren, saya tidak bisa menyetujui penilaian bahwa NU keluar dari Masyumi dulu itu adalah karena *vested interest* ingin memegang Kementerian/Departemen Agama. Perkaranya menyangkut masalah legitimasi itu. Dari sudut pandangan dunia pesantren, para tokoh *intelektual* Masyumi adalah, seperti kata paman saya tadi, tidak lebih dari *wong sekolahan*, yang tidak berhak memimpin umat Islam! Karena itu mereka menganggapnya persoalan yang amat serius.

Nah, inilah sebenarnya salah satu yang diharapkan bisa diselesaikan oleh kegiatan penalaran intelektual yang banyak saya sebut dalam surat ini. Siapa sebenarnya yang mempunyai legitimasi politik, secara doktrin Islam, di kalangan umat? Apakah legitimasi politik itu menjadi satu dan tak terpisahkan dari legitimasi keagamaan? Kalau menjadi satu, bagaimana, dan kalau terpisah, juga bagaimana? Apakah di zaman modern ini seorang setengah tambah setengah, yakni yang mempunyai setengah pengetahuan umum (modern) dan setengah pengetahuan agama, lebih mempunyai legitimasi daripada seorang yang satu tambah nol, yakni yang mempunyai pengetahuan umum secara *mesisan* tanpa pengetahuan agama, atau yang mempunyai pengetahuan agama, juga secara *mesisan*, tapi tanpa pengetahuan umum? Lalu bagaimana "pengalaman" umat sepanjang sejarahnya? (Mungkin lantas kita harus mempelajari lagi kasus pembunuhan 'Usman ibn 'Affan,

Khalifah Rasulullah yang ketiga itu, beserta segala akibatnya, dan yang telah menghasilkan berbagai macam literatur!)

Jadi memang tidak mudah. Toh Islam ini telah menyejarah selama empat belas abad dengan meliput daerah pengaruh yang luas sekali. Tapi toh usaha tetap harus dilanjutkan, yang seperti saya sebutkan tadi merupakan *fardu kifayah*. Maka saya harap Pak Roem menyertai saya dalam kegembiraan bahwa nampaknya usaha itu akan semakin giat. Lebih penting lagi, nampaknya usaha ini diikutsertai oleh kawan-kawan dari berbagai latar belakang sub-kultur. Saya hanya ingin menyebut peranan Gus Dur (panggilan intim kami untuk Abdurrahman Wahid, cucu Kiai Hasyim dari Tebuireng) yang semakin menjulang. Juga adanya kawan-kawan yang lain yang tidak bisa saya sebutkan di sini. Malahan menurut surat-surat yang saya terima, teman lama saya tapi yang kemudian juga menjadi pengritik saya, Mang Endang (panggilan akrab kami untuk Endang Saifuddin Anshari), juga pernah menyatakan harapan bahwa di antara teman-teman yang *concerned* itu semua akan terjadi semacam konvergensi idiil yang tumbuh secara wajar, dewasa dan cerdas. Tentang hal ini beberapa waktu yang lalu saya pernah menerima surat dari Saudara Tajuddin A.M., salah seorang pimpinan Majalah *Al-Muslimun* di Bangil, Jawa Timur. Juga ada surat senada dari Saudara Djohan Effendi dan M. Dawam Rahardjo di Jakarta. Dan di sini pun, di Amerika, saya bergaul dengan Bang 'Imad (panggilan akrab kami untuk Ir. 'Imaduddin), teman lama saya, dan saya dapatinya jauh lebih "liberal" daripada gambaran banyak orang dulu.

Semua kesinambungan, *rapprochement* dan konvergensi itu adalah sangat membesarkan hati. Tapi, seperti yang sedang saya coba dengan surat ini, semua itu hanya baik kalau tumbuh dari prinsip-prinsip yang saling dipahami, bukan karena semata keinginan berkompromi karena tidak tahan sendirian. Karena sudah lima tahun berada di belahan bumi sebaliknya dari tanah air ini, sulit sekali bagi saya mengetahui apa yang sebenarnya terjadi di sana. Saya hanya berharap bahwa Allah mentakdirkan apa saja yang bakal membawa kebaikan kita semua, dunia akhirat.

Pak Roem, lembaran-lembaran ini, tentu saja, adalah sebuah surat pribadi. Tapi, meskipun sebagai surat yang penuh dengan *personal touch*, saya mengirimkan fotokopinya kepada beberapa teman. Maksud saya ialah, jika saya benar, agar kawan-kawan itu bisa menyertai saya; dan jika saya keliru, mereka ramai-ramai mengoreksi saya. Sudah tentu di atas semuanya, pendapat Pak Roem sendiri adalah yang paling saya harapkan. Karena itu saya menunggu balasan Pak Roem, biarpun hanya sepatah kata.

Pak Roem, semua itu harus dilakukan, seperti juga telah Pak Roem lakukan, sebab kita juga berkepentingan terhadap Republik Indonesia yang tercinta ini. Sekarang, orang harus menyadari bahwa bangsa Indonesia adalah bangsa Muslim yang terbesar di dunia. Tapi sayang, seperti kata buku sekolah anak saya di Amerika ini, peranan Indonesia di dunia kecil sekali, karena rakyatnya sangat melarat! Dalam bidang keilmuan Islam pun, karya yang dihitung oleh dunia hanyalah terutama kitab-kitab Kiai Nawawi Banten dan Kiai Ihsan Jampes, Kediri. Dan jelas tidak dapat disangkal bahwa persoalan Indonesia tidak akan rampung tuntas tanpa pembangunan umat dan penyelesaian persoalan-persoalannya.

Sementara itu saya minta doa Pak Roem agar saya bisa menyelesaikan studi saya selekasnya dan dapat kembali ke tanah air dengan selamat. Saya tidak tahu kapan persisnya selesai, tapi saya berusaha sekuatnya untuk tidak melewati akhir tahun ini, insya Allah. Saya sudah ingin sekali pulang, ketemu ayah-ibu saya di Jombang dan Madiun, berjumpa teman-teman di Jakarta, dan *sowan* ke Pak Roem serta bapak-bapak yang lain. (Saya sedih sekali bahwa selama lima tahun saya berada di Amerika ini telah berpulang ke rahmatullah tokoh-tokoh seperti Buya Hamka, Pak Kasman, Pak Jusuf Wibisono, Bu Rohana Zainal, Mas Djoko Prasodjo, dan lain-lain. Saya terkenang mereka itu semua dengan penuh kebaikan, dan saya menyesal sekali bahwa saya sudah tidak mungkin lagi berjumpa dengan mereka).

Akhirnya, saya minta maaf kalau surat ini, karena panjangnya misalnya, telah mengganggu ketenangan Pak Roem dan melelahkan Pak Roem untuk membacanya. Terimalah ini sebagai ungkapan perasaan seorang yang lebih muda kepada seorang yang lebih tua dan lebih berpengalaman. Kemudian mohon disampaikan salam kami sekeluarga kepada Bu Roem serta semua keluarga dalam rumah tangga Pak Roem ini, begitu juga kepada bapak-bapak dan teman-teman yang lain yang sekiranya Pak Roem bisa menyampaikan.

Wassalamu'alaikum wr. wb.

Dengan ikhlas,

Nurcholish Madjid

Mohamad Roem:
Jangan Main-main dengan Istilah "Negara Islam"

Jakarta, 23 April 1983

Assalamu'alaikum wr. wb.

Saudara Nurcholish yang baik,
Saudara mengharapkan saya tidak terlalu kaget menerima surat dari saudara. Saya tidak terlalu kaget, kaget saja pun tidak, saya hanya heran, hampir tidak percaya menerima surat semacam itu dari saudara.

Akan tetapi, terlalu kaget, atau kaget saja, heran atau hampir tidak percaya, saya rasa tidak penting. Yang penting ialah saya ingin mengucapkan syukur *alhamdulillah* dengan surat itu.

Saya membaca surat saudara itu lebih dari sekali supaya saya mengerti benar, dan waktu saya mulai menjawab saudara, yang saudara harapkan, saya sudah membaca kembali dokumen yang saya perlukan. Surat saudara itu menghidupkan lagi kejadian-kejadian sekitar bulan Agustus 1970, waktu saudara dengan beberapa kawan lain mencanangkan gagasan akan mengadakan pembaharuan pemikiran Islam. Lebih-lebih saudara menyebutkan bahwa sesudah gagasan itu dicetuskan, saya datang di Jalan Diponegoro No. 16, menyalami saudara dan menyatakan penghargaan atas yang saudara perbuat.

Saya tidak ingat, bahwa saya menyalami saudara secara itu, tapi saya benar-benar ingat, bahwa saya menulis di majalah *(Mimbar Demokrasi)*, yang waktu itu terbit di Bandung di bawah asuhan cucu saya Adi Sasono, waktu itu Ketua HMI Cabang Bandung, dan mengucapkan "Selamat datang serta selamat berjuang". Saya rasa menyalami dengan cara menulis di majalah *Mimbar Demokrasi* lebih kuat dari menyalami secara fisik, yang mungkin tidak terlepas dari unsur basa-basi. Sayang, majalah itu, yang saya ingin baca lagi belum ketemu, akan tetapi saya berhasil mendapatkan sebuah fotokopi dari brosur yang berjudul: "Pembaharuan Pemikiran Islam" dan memuat 4 (empat) karangan dari 1. Drs. Nurcholish Madjid, 2. Abdul Qadir Djaelani, 3. Ismail Hasan Metareum, dan 4. H.E. Saifuddin Anshari. Yang saya harapkan akan menemukan dalam nomor majalah *Mimbar Demokrasi* itu, saya dapatkan dalam brosur ini yang disertai pengantar oleh Utomo Danandjaja, dan tertanggal Agustus 1970.

Dalam karangan di *Mimbar Demokrasi* tersebut, yang saya tulis atas permintaan Adi Sasono, saya dahului dengan keterangan, bahwa Drs. Nurcholish Madjid berniat mengadakan pembaharuan pemikiran Islam. Karangan saudara itu berjudul *Pembaharuan Pemikiran Islam dan Masalah Integrasi Umat.*

Kalimat pertama di bawah sub-judul pendahuluan berbunyi: "Dorongan untuk membahas masalah tersebut dalam judul ialah konstatasi bahwa kaum Muslim Indonesia sekarang ini mengalami kejumudan kembali dalam pemikiran dan pengembangan ajaran-ajaran Islam, dan kehilangan *psychological striking forces* dalam perjuangannya".

Kemudian dalam bab II, dengan judul *"Islam Yes, Partai*

Islam No?", saya mengutip, "Tetapi sebuah pertanyaan dari pihak kita tetap meminta, yaitu sampai di manakah perkembangan itu akibat daripada daya tarik yang jujur daripada ide-ide Islam yang dikemukakan oleh para pemimpinnya, lisan maupun tulisan?" "Jawab atas pertanyaan itu mungkin dapat ditemukan dengan meletakkan pertanyaan berikutnya: Sampai di manakah mereka tertarik kepada partai-partai Islam? Kecuali sedikit saja, sudah terang mereka sama sekali tidak tertarik kepada partai/organisasi Islam. Sehingga perumusan sikap mereka berbunyi: *Islam Yes, Partai Islam No*. Jadi jika partai Islam merupakan wadah daripada ide-ide yang hendak diperjuangkan berdasarkan Islam, maka jelaslah bahwa ide-ide itu sekarang dalam keadaan tidak menarik. Dengan lain perkataan, ide-ide dan pemikiran Islam itu sekarang sedang menjadi *obsolete*, memfosil, kehilangan dinamika. Ditambah lagi bahwa partai-partai Islam itu tidak berhasil membangun *image* yang positif dan simpatik, bahkan yang ada ialah *image* sebaliknya."

Saya ingat betul, bahwa yang baru saya kutip itu saya tuliskan dalam majalah *Mimbar*, yang belum saya temukan lagi. Menurut pendapat saya, benar atau tidak, setuju atau tidak, kalimat-kalimat itu adalah alasan yang menurut Drs. Nurcholish Madjid kuat untuk memulai pekerjaan besar, dapat juga dikatakan maha besar, yaitu pembaharuan pemikiran Islam.

Waktu itu saya tidak mengetahui dari brosur yang baru saja saya kutip, akan tetapi yang dikemukakan oleh Drs. Nurcholish Madjid itu menarik perhatian kalangan luas sekali, dan menjadi berita di harian-harian dengan kepala berita yang besar-besar.

Barangkali reaksi saya ketika itu agak lain dari yang lain.

Saya rasa saudara akan setuju dengan saya, bahwa saya tidak ragu-ragu merasa termasuk golongan yang sudah *obsolete* atau memfosil itu.

Saya menyambut saudara dengan "Selamat datang dan selamat berjuang". Jika datang seorang yang menyatakan akan memperbaharui pemikiran Islam, menurut pendapat saya ia harus diselamat-datangi. Sesudah itu, kita harus mengucapkan: Selamat berjuang, dengan arti, bahwa apa yang dikatakan itu baru *statement of intent*. Dan si pembaharu masih menghadapi pekerjaan raksasa. Saya bukan seorang *scholar*, apalagi *Muslim scholar*, akan tetapi tahu sedikit politik. Karena itu saya tidak apa-apa jika dikatakan sudah mati memfosil. Baru saja saya dengan kawan-kawan mengalami semacam *winter sleep*, selama 4 tahun 4 bulan menjadi tawanan politik rezim Soekarno. Tidakkah itu mati untuk waktu terbatas? Empat tahun empat bulan bukan masa yang singkat.

Saya bersenang hati saudara mengerti juga, bahwa saya mengatakan baru *statement of intent* dan mudah-mudahan saudara teruskan. Jadi "Selamat datang" sudah berlalu, akan tetapi doa selamat berjuang masih berlaku.

Saya rasa tiap pembaharu sudah dan akan mengalami nasib seperti yang saudara tuliskan dalam surat saudara itu: Saudara harus berpolemik tentang yang tidak berhubungan dengan pembaharuan pemikiran, saudara menemui sambutan yang "kurang dewasa dan cerdas".

Menurut hemat saya, meskipun saudara dengan kawan-kawan telah melakukan hal-hal yang mungkin, saudara masih jauh dari tujuan yang saudara ingin capai. Akan tetapi saya bersenang hati, bahwa saudara dan kawan-kawan ingin sekali menindaklanjuti cetusan gagasan *statement of intent* itu.

Saya dapat mengikuti apa yang saudara tuliskan dalam surat saudara di halaman 6: "Seperti Pak Roem, banyak orang alergi kepada istilah "Negara Islam". Begitu pula banyak orang yang alergi kepada istilah "sekularisasi". Hanya ada perbedaan yang saya lihat: yang alergi kepada istilah "Negara Islam" ialah mereka yang tidak simpati kepada Islam, timbul curiga kalau-kalau benar orang diam-diam atau dengan cara di bawah tanah mendirikan "Negara Islam", sedang yang alergi kepada istilah "sekularisasi" adalah umat Islam sendiri. Saya setuju sekali, bahwa saudara sampai kepada kesimpulan untuk tidak memakai lagi istilah "sekularisasi". Memang orang tidak atau sulit dapat membedakan sekularisasi dari sekularisme. Karangan saya, jika orang dapat menangkap apa yang dimaksud, menganjurkan di negara kita sekarang ini jangan main-main dengan istilah "Negara Islam".

Bagaimanapun, surat saudara kepada saya itu saya selamat-datangi, saya syukuri. Antara saudara dan saya sudah ada pendekatan. Kalau saya tidak salah tangkap, saudara juga sudah merasa dekat dengan Pak Natsir, berdasarkan pengamatan saudara tentang ucapan-ucapan Pak Natsir, sebagaimana saudara terangkan dalam surat saudara. Lebih dari itu saya mengambil kesimpulan, bahwa saudara sudah dekat dengan kawan-kawan saya. Antara kita tentu kadang-kadang atau sering timbul perbedaan paham, seperti saudara konstatir sendiri perbedaan dalam sikap antara Natsir dan Roem terhadap Sjahrir.

Tapi bagaimanapun saya senantiasa berspekulasi Natsir lebih dekat dengan saya daripada Sjahrir. Dalam itu sudah saya perhitungkan, bahwa Sjahrir masih famili dekat, terutama dari Bu Natsir. Saya mengalami, bahwa spekulasi saya ini ternyata tidak keliru. Saudara barangkali belum mengetahui, bahwa orang-orang sosialis menunjukkan simpati besar sekali kepada Natsir, dengan memperlihatkan, betapa mereka jauhnya daripada saya. Kalau ikatan persahabatan tidak cukup kuat yang bernapas Islam, maka mungkin sekali jarak Natsir dan saya dapat menjadi jauh. Barangkali itulah sebabnya almarhum Dr. Sukiman dan Mr. Jusuf Wibisono agak tidak suka pada Natsir. Mereka melihat Natsir sangat dipengaruhi Sjahrir dan orang-orang PSI. Itulah memang politik, yang saya sedikit banyak mengalami dan mengetahui. Tapi keadaan semacam itu hanya berlangsung untuk waktu yang terbatas. Waktu mereka bersama, kami berada dalam penjara rezim Soekarno, kami belajar saling melihat dengan proporsi yang lain. Maka timbul suasana yang saya namakan baru, lebih harga-menghargai daripada dulu.

Barangkali saudara sudah membaca buku *Mohamad Roem 70 tahun*. Saya sangat bersenang hati orang sosialis seperti Subadio, Anak Agung menulis seperti itu tentang saya. Prof. Kahin dari Cornell, yang sebelumnya dikenal banyak dipengaruhi oleh orang-orang PSI, menulis bagus sekali tentang saya; malah saya sendiri, tidak mengetahui sebelumnya arti yang saya kerjakan dalam perundingan. Tentang peranan saya sebagai diplomat, memang Sjahrir dengan kawan-kawan mempunyai penilaian sendiri.

Begitulah dalam kalangan saya sendiri banyak juga muncul perbedaan paham. Akan tetapi, kalangan ini sudah berjuang bersama-sama selama Republik yang sama-sama kita cintai didirikan, selama lebih dari 30 tahun. Hal itu bukan suatu hal yang kecil, di mata dan perasaan saya. Semoga saya tidak terlalu salah kalau saya mengatakan karena saudara sudah dekat dengan saya, maka saudara juga sudah dekat dengan kawan-kawan seperjuangan itu.

Ini berarti, bahwa jika ada perbedaan paham, maka ia adalah rahmat Tuhan. Bukan asal berbeda paham, seperti orang Amerika mengatakan *the right of dissent*, melainkan perbedaan paham, yang mendekatkan kita kepada kebenaran. Saya rasa di sini letaknya arti "Rahmat Tuhan".

Bagi kekuatan saya, surat ini sudah panjang. Saya lewati saja bagian dari surat saudara yang memberikan pujian kepada saya. Saya cukup manusia dan merasa senang kalau mendapat pujian yang *well – earned*, akan tetapi tidak baik untuk berhenti terlalu lama di tempat itu.

Wabillahi taufiq wal hidayah,

Disertai salam hangat

Nurcholish Madjid:
Saya Cemburu dengan Pak Roem

9 Mei 1983

Yth. Bapak Mohamad Roem
Jl. Teuku Cik Ditiro 58
Jakarta Pusat, Indonesia

Assalamu'alaikum wr. wb.

Pak Roem yang baik,
Saya sampaikan ucapan terima kasih dan penghargaan yang setinggi-tingginya kepada Pak Roem atas perkenan Pak Roem membalas surat saya tertanggal 29 Maret yang lalu. Di sini saya ingin menanggapi kembali surat balasan Pak Roem itu dengan mengemukakan beberapa hal yang dirasa penting.

Pertama, sudah tentu saya dan teman-teman mengetahui dan merasa mendapat dorongan moral yang amat kuat dari tulisan Pak Roem di majalah *Mimbar Demokrasi* pimpinan Saudara Adi Sasono di Bandung sekitar 13 tahun yang lalu itu. Seperti kata Pak Roem, tulisan di *MD* itu jauh lebih bermakna daripada uluran jabat tangan fisik Pak Roem kepada saya di Jl. Diponegoro No. 16, kantor PB HMI. Tapi lepas dari maknanya, saya sebutkan peristiwa itu dalam surat yang lalu, dan bukannya sambutan Pak Roem di majalah *MD* tadi, adalah semata-mata karena mendalamnya kesan pribadi saya akan sikap Pak Roem itu.

Setelah membaca surat balasan Pak Roem, saya menjadi agak merasa salah kepada Pak Roem. Sebab Pak Roem telah berkenan mengucapkan "Selamat Datang dan Selamat Berjuang" kepada kami, namun yang telah bisa kami perbuat, sebagaimana dinilai Pak Roem, masih amat jauh dari tujuan. Dalam surat yang lalu telah saya kemukakan sebagian dari sebab-sebabnya. Tapi sebenarnya juga karena kami, atau saya sendiri khususnya, merasa tertegun oleh beratnya tanggung jawab yang dipikulkan oleh banyak orang ke atas pundak kami. Ketika kami mengorganisir diskusi pada Januari 1970 itu, maksud utama kami sebenarnya ialah sekedar mengemukakan suatu konstatasi, biarpun disertasi komitmen pribadi yang amat kuat, bahwa suatu pembaharuan terhadap pemikiran keislaman di Indonesia pada tahap perkembangan sekarang amat diperlukan. Tentang siapa yang akan melakukan usaha pembaharuan itu, terserah siapa saja yang mampu, dan tidak perlu kami sendiri. Tapi karena kami yang melontarkan konstatasi itu, maka sangat logis bahwa masyarakat melihat kami sendirilah yang hendak atau harus melakukannya.

Pembebanan sosial itu kiranya tak terelakkan, dan kami memang insya Allah tidak akan mengelak. Tapi sesungguhnya saya telah menegaskan dalam makalah saya di awal 1970 itu bahwa pada abad modern ini, ketika pencabangan kegiatan manusia menjadi semakin halus dan pembagian kerja antara para anggota masyarakat menjadi suatu ciri keharusan yang hampir mutlak, suatu usaha pembaharuan di bidang apa pun, termasuk bidang pemikiran keagamaan, kemasyarakatan, dan kenegaraan, tidak mungkin lagi dibebankan ke atas pundak perorangan, melainkan harus merupakan suatu usaha kolektif. Karena itu, makalah saya tersebut, yang kemudian diterbitkan bersama makalah-makalah yang lain dalam buku suntingan saudara Utomo Danandjaja itu saya *pungkasi* dengan semacam seruan kepada organisasi-organisasi yang paling banyak menghimpun para intelektual muda Islam, yaitu HMI dan PII, disertai Persami dan GPI, agar merintis jalan, meskipun tidak perlu dan tidak bisa secara organisatoris/formal. Soal mengapa maksud seruan itu tidak pernah terwujudkan, adalah karena sebab-sebab yang saya khawatir tidak mungkin saya terangkan di sini.

Suatu hal yang sejak semula kami sadari ialah mutlak diperlukannya kelengkapan akademis serta peralatan ilmiah teknis yang relevan dengan persoalan usaha pembaharuan itu. Dalam salah satu kritiknya, Pak Rasyidi pernah menyayangkan bahwa kami tidak pernah belajar filsafat. Meskipun penilaian Pak Rasyidi itu kurang kena — sebab saya pun sejak cukup dini tertarik dan mempelajari filsafat — namun isyarat itu sangat bisa dibenarkan. Tapi sesungguhnya selain filsafat, sesuatu yang lain yang juga amat diperlukan, dan dalam beberapa segi amat lebih penting daripada filsafat, ialah pengenalan akan khazanah intelektual klasik Islam sendiri yang kaya raya itu. Jika disebutkan pengenalan, maka maksud saya bukanlah sekadar mengetahui sepintas lalu seperti terjadi pada banyak orang Islam saat ini, yang sebegitu jauh kegunaannya hanyalah sebagai sumber kebanggaan akan masa lampau untuk bahan apologia kepada golongan lain. Dengan pengenalan itu saya maksudkan suatu pengetahuan yang mendalam secukupnya disertai penghayatan akan dinamika pertumbuhan intelektual Islam dalam sejarah yang telah berjalan 14 abad itu, yang pasti ternyata tidak sederhana sama sekali. Justru dalam warisan pemikiran itu tercakup juga bidang filsafat dan berbagai bentuk "pengislaman" tradisi intelektual Hellenis itu. Inilah, Pak Roem, yang sekarang ini sedang saya coba lakukan. Perkara saya berhasil atau tidak, adalah soal lain.

Satu pertimbangan lain mengapa hal itu amat penting, ialah karena kita toh tidak mungkin memulai mengembangkan suatu pemikiran *from scratch.* Justru salah satu kritik terhadap banyak kalangan kaum modernis Islam ialah bahwa sebagian dari mereka sering bersikap tidak peduli dengan kekayaan intelektual tradisional, seolah-olah suatu bangunan pemikiran yang besar dan kukuh bisa dibuat hanya dengan dimulai dari kini dan di sini. Prof. Fazlur Rahman, seorang sarjana Muslim yang amat mendalami segi-segi klasik Islam, sering mengemukakan gejala pemiskinan intelektual kaum Islam modernis, akibat sikap mereka yang terlanjur menolak warisan intelektual Islam tradisional walaupun wawasan intelektual mereka sendiri tidak cukup mampu menembus persoalan-persoalan masa mendatang. Bagi mereka, ada bahaya menjadi tawanan kekinian dan kedinian, yang kesempitan pandangan yang diakibatkannya bisa melahirkan sikap-sikap absolutis dan fanatik. Inilah barangkali gejala yang sering bagi saya nampak secara kurang tepat disebut sebagai *fundamentalisme*.

Meskipun begitu, bukanlah maksud saya mengajukan argumen bahwa suatu pemikiran yang kuat, apalagi yang inovatif, haruslah merupakan kelanjutan lancar dari masa lampau tanpa kesenjangan sama sekali. Keinsafan akan masa lalu itu amat diperlukan untuk memperkaya bahan, namun sudah tentu tidak boleh menjerat diri kita. Bahkan kesanggupan menembus masa depan secara kreatif justru biasanya dipunyai, seperti dibuktikan oleh Thomas S. Kuhn berkenaan dengan revolusi-revolusi ilmiah, oleh mereka yang tidak terlalu terikat pada paradigma-paradigma yang mapan, yang membuatnya tetap mampu mendeteksi adanya berbagai gejala anomali. Maka sekalipun perlengkapan akademis atau teknis keilmuan disadari amat penting, namun kami, untuk berbuat sesuatu bagi cita-cita kami, Insya Allah tidak akan menunggu tercapainya suatu titik kesempurnaan dalam peralatan. Saya kira Pak Roem pun setuju bahwa perfeksionisme adalah suatu kerugian, bukan keuntungan. Apalagi ajaran dasar agama kita toh mengatakan tidak sempurnanya manusia. Yang penting ialah berbuat sebaik-baiknya (beramal saleh) menurut kadar kemampuan yang ada, tanpa perfeksionisme yang justru akan sangat mengurangi kemampuan kita untuk bertindak. Kami berusaha untuk tidak tenggelam dalam syarat sementara lupa akan tujuan, dan jangan sampai seperti dilukiskan dalam sebuah pepatah Arab *Yusyammiru li lujjin 'an saqihi wa yagmuruhu al-mauju fi as-sahili* (*Cancut taliwondo* hendak mengarungi lautan, namun ditelan gelombang di tepi pantai).

Pak Roem menanyakan, apakah saya sudah membaca buku *Mohamad Roem 70 Tahun*. Ya, *alhamdulillah,* saya sudah membaca dan memilikinya. Saya dapat mengerti kegembiraan Pak Roem bahwa orang-orang sosialis seperti Subadio, Anak Agung, dan lain-lain, menulis begitu baik tentang Pak Roem dalam buku itu. Tetapi barangkali yang lebih-lebih lagi merasa senang adalah saya dan teman-teman. Mengapa? Karena buku Pak Roem itu mencerminkan dengan jelas semangat keterbukaan dan inklusivisme tokoh historis seperti Pak Roem. Inilah salah satu aspek pandangan yang kami ingin kembangkan. Membaca buku penting itu saya pun sebenarnya menjadi cemburu kepada Pak Roem, karena Pak Roem bisa secara terbuka bergaul lancar dengan orang-orang dari golongan lain serta saling menghargai, namun tidak banyak digunjing dan diumpat sebagian umat, apalagi dicurigai.

Hal ini berbeda sekali dengan pengalaman saya yang menjengkelkan belasan tahun yang lalu. Di tahun 1968, Bung Rosihan Anwar dan Mochtar Lubis pernah melancarkan gerakan sekularisasi dengan menggunakan harian masing-masing. Karena waktu itu saya masih melihat sekularisasi sebagai suatu hal yang tak mungkin dibedakan dengan sekularisme/westernisme, maka saya mengangkat pena membuat tulisan melawan ide-ide mereka. Tulisan saya itu berjudul *Modernisasi Adalah Rasionalisasi, Bukan Westernisasi*, yang juga dimuat dalam Majalah *Mimbar Demokrasi*. Beberapa tokoh Islam menyambut tulisan saya itu, tapi cukup mengejutkan bahwa ada juga yang menyatakan kekhawatirannya bahwa saya telah semakin mengalienasi orang-orang PSI, kawan seperjuangan orang-orang Masyumi! Keadaan menjadi semakin semrawut bahwa setelah kami melancarkan ide-ide kami awal 1970 itu, salah satu tuduhan yang santer dari sementara tokoh Islam ialah bahwa kami telah digarap oleh orang-orang PSI. Salah satu buktinya ialah bahwa makalah saya tentang ide itu telah dimuat *in toto* oleh *Indonesia Raya Minggu*, milik Bung Mochtar Lubis. Jadi seandainya semua isu tentang diri saya itu beralasan, maka berarti bahwa melawan orang-orang PSI adalah tidak benar, tapi bersama dengan mereka juga salah!

Sikap ganda dan tidak konsisten itu sangat mengganggu dan berbahaya. Saya kira salah satu sebabnya ialah tiadanya penalaran intelektual seperti saya maksudkan dalam surat yang lalu. Akibatnya, pemahaman dan penghayatan akan kaidah-kaidah yang dianggap sebagai prinsip umum pandangan-pandangan yang ada itu kurang mantap, termasuk bagi sebagian besar kaum terpelajar sendiri.

Saya kira yang benar ialah sikap seperti yang ditunjukkan oleh Pak Roem, yaitu semangat yang inklusif, pluralis, dan terbuka, sebagaimana tercermin dalam buku peringatan 70 tahun Pak Roem. Sikap itu juga agaknya sedikit banyak tercermin dalam buku-buku peringatan ulang tahun serupa untuk Pak Natsir, Pak Kasman, Buya Hamka, Pak Jusuf Wibisono, dan lain-lain. Maka, untuk kesekian kalinya kami katakan, bahwa yang kami inginkan ialah agar sikap sehat seperti itu, seperti halnya dengan sikap-sikap benar lainnya terjadi sebagai hasil deliberasi dan perenungan, bukan karena kebetulan, hasil *comotan* sewenang-wenang, atau sesuatu yang timbul hanya semata akibat aksiden sejarah.

Demikian pula tentang Prof. Kahin, saya ikut senang bahwa ia menyumbang tulisan yang amat berfaedah dalam buku 70 tahun Pak Roem itu. Lebih dari itu, saya pribadi bersimpati kepadanya karena cara penilaiannya yang menarik tentang orang-orang Masyumi. Misalnya tentang "sayap" Pak Natsir dan kawan-kawan, Kahin tidak saja menyebutkan sebagai golongan Islam modernis dan *westernized*, tapi malah juga sosialis dan bahkan "kiri". Kahin pasti bukannya tanpa alasan membuat penilaian serupa itu. Pak Roem telah menyebutkan adanya pandangan Pak Sukiman dan Pak Jusuf Wibisono yang kurang menyukai Pak Natsir karena terlalu terpengaruh oleh orang-orang PSI, khususnya Sjahrir. Meskipun hal ini sudah menjadi semacam "rahasia umum" di kalangan para politisi Indonesia, namun saya masih tertarik dengan sebuah disertasi Ph.D. tentang PSI oleh Robert J. Meyers*) di Universitas Chicago ini yang menyinggung kategorisasi dunia politik negeri kita oleh Sjahrir menjadi tiga kelompok: *pertama,* golongan nasionalis, *kedua*, komunis, *ketiga*, partai-partai yang menurut Sjahrir sendiri dipelopori dan dipimpin oleh PSI, yaitu PSI sendiri, Masyumi, Parkindo dan Partai Katolik. Meyers juga menyebutkan tentang bagaimana PSI menggunakan Masyumi untuk mencapai berbagai tujuan politiknya, dan bagaimana PSI bertindak sebagai *political brain trust* kelompok ketiga itu di parlemen.

Dalam surat Pak Roem, Pak Roem menyebutkan spekulasi Pak Roem bahwa Pak Natsir sangat dekat dengan Sjahrir, karena Bu Natsir adalah famili Sjahrir. Kata Pak Roem, spekulasi itu ternyata benar. Selain faktor famili, sebenarnya ada pembahasan yang mengisyaratkan tentang peranan faktor kesukuan. Tapi saya kira isyarat itu tidaklah cukup berharga. Sebab jelas tidak masuk akal bahwa seorang tokoh sebesar dan sekaliber Pak Natsir masih bisa mempertimbangkan faktor kesukuan itu. Apalagi jika ditarik sebuah implikasi bahwa faktor kesukuan telah pula mempengaruhinya di bidang ideologi, jelas dirasa tidak mungkin. Memang membaca Meyers tadi tidak mudah menghindari adanya kesan bahwa Sjahrir telah berhasil "mengantongi" Masyumi (lewat Pak Natsir). Maka timbullah pertanyaan, benarkah Pak Natsir memang *manut miturut* kepada Sjahrir? Saya sendiri, dengan menirukan Pak

*) Penulisan nama yang benar adalah Myers, bukan Meyers. Hal ini telah dikoreksi oleh Nurcholish Madjid dalam surat berikutnya, tertanggal 22 Juni 1983, halaman 68.

Roem, berspekulasi bahwa yang sebenarnya terjadi ialah mungkin Pak Natsir hanyalah *menyertai*, bukannya *mengikuti*, beberapa pandangan politik Sjahrir. Dengan perkataan *menyertai*, bukan *mengikuti*, saya maksudkan sikap partisipasi yang aktif, yang terbit karena saling memahami dan menerima suatu prinsip umum yang sama-sama dianggap benar sebagai *common platform* (*kalimatin sawa'*) yang bisa dipertanggungjawabkan. Jika ini betul, maka justru inilah yang semestinya dikembangkan lebih lanjut di kalangan kita. Dalam tahap perkembangan seperti sekarang, saya kira sikap yang serba inklusif dan positif itu adalah salah satu yang paling diperlukan oleh bangsa kita.

Maka kembali kepada buku *Mohammad Roem 70 tahun* itu, atas dasar pandangan yang terbuka (kepada siapa saja) itulah kami sungguh-sungguh menyambut dengan kegembiraan. Buku-buku peringatan ulang tahun para sepuh itu memang bukan rumusan-rumusan ideologis, tapi jelas mengimplementasikan pandangan-pandangan tertentu yang dapat menjadi bahan kajian yang menarik.

Pak Roem, inilah tanggapan saya atas surat balasan Pak Roem. Sekali lagi, saya sudah sangat ingin pulang selekasnya ke tanah air, antara lain agar masih sempat mengadakan dialog dengan banyak Angkatan 45, khususnya Pak Roem sendiri. Dalam suatu dialog langsung yang lebih mendasar daripada yang telah pernah terjadi antara kita sebelumnya, saya bisa membayangkan akan dapat banyak menimba dari sumber pengalaman hidup Pak Roem yang melimpah ruah itu, guna memperkaya dan mempertajam pandangan kepada masa depan yang jauh.

Setelah pembangunan bangsa (*nation-building*) di masa Bung Karno, disusul pembangunan ekonomi di masa Pak

Harto sekarang, saya rasa tahap selanjutnya pengembangan tanah air kita akan mengharuskan adanya usaha yang lebih bersungguh dalam pembangunan sosial politik, berbentuk pendemokrasian lebih lanjut kehidupan bernegara kita. Karena tahap itu pasti akan jauh lebih rumit dan kompleks daripada tahap-tahap sebelumnya, maka tentu memerlukan partisipasi sebanyak mungkin warga negara. Saya rasa masing-masing kita akan dituntut sumbangannya, betapa pun ukuran sumbangan itu, ibarat biarpun sekadar berupa sekeping batu merah bagi bangunan istana demokrasi yang dicita-citakan. Salah satu bentuk sumbangan yang paling berharga, saya rasa, ialah pengembangan sikap-sikap serba inklusif (maksudnya, tentu saja, tidak eksklusif), pluralis, dan terbuka seperti tercermin pada Pak Roem, yaitu sikap-sikap yang menyokogurui demokrasi. Salah satu keprihatinan saya ialah banyak kalangan generasi muda kita yang tidak begitu kuat memiliki apresiasi dan penghayatan sikap-sikap demokratis yang telah dipraktikkan oleh generasi sebelumnya, khususnya tokoh seperti Pak Roem ini.

Dulu telah saya katakan bahwa surat saya kepada Pak Roem yang lalu itu, fotokopinya saya kirimkan kepada kawan-kawan, baik di tanah air maupun di Amerika ini. Seperti bisa diduga, menurut informasi yang saya dapatkan, fotokopi itu diperbanyak dan kini beredar. Maka supaya partisipasi dalam dialog kecil ini lengkap, saya pun mengirim fotokopi surat balasan Pak Roem itu kepada sebagian dari teman-teman, disertai fotokopi surat tanggapan saya ini.

Semoga Allah membimbing kita semua ke jalan yang benar, yang bakal membawa kebahagiaan dunia akhirat. *Amin, ya Rabbal'alamin.*

Terima kasih atas segala perhatian Pak Roem, dan sampai ketemu selekasnya di tanah air, *Insya Allah.*

Wassalamu'alaikum wr. wb.

Dengan tulus,

Nurcholish Madjid

Mohamad Roem:
Ilusi Kawan-kawan PSI

Jakarta, 7 Juni 1983

Assalamu'alaikum wr. wb.

Saudara Nurcholish Madjid yang baik,
Saya sangat bersenang hati, bahwa analisa saudara tentang hubungan Natsir dengan Sutan Sjahrir sudah tepat, yakni Natsir tidak *manut miturut* kepada Sjahrir, melainkan mengikuti Sjahrir sebagai *common platform*. Dapat disayangkan bahwa Sjahrir sendiri rasa-rasanya tidak atau kurang mengerti sikap ini atau tidak menghargai. Saya rasa soal ini termasuk "tata krama politik" atau juga dapat dinamakan kejujuran dalam politik.

Kita kembali pada bulan pertama dari revolusi Indonesia. Kabinet pertama, kabinet presidensial yang dipimpin oleh Presiden Soekarno, berdasarkan UUD'45 yang asli, hanya dapat berjalan kurang lebih 4 bulan. Tentang ini saya mempunyai keterangan yang barangkali dapat memberi penjelasan.

Soekarno, Hatta dan mereka yang mengikutinya dalam panitia *Jumbi Chosakai*, selama 3,5 tahun memikirkan akan mencapai kemerdekaan tanah air dalam "kerjasama" dengan Jepang. Pada saat terakhir, karena perkembangan Perang Dunia II, tidak berlangsung seperti yang dipersiapkan atau diduga-duga, maka proklamasi berlangsung dengan penculikan dan lain-lain; Jepang terlambat menyerahkan kemerdekaan. Tentang kejadian-kejadian ini, orang Islam memang sudah mendapat pelajaran dari agamanya: "Manusia membuat rencana, akan tetapi Tuhan yang menentukan". Kalimat atau pengakuan itu, saya menyaksikan juga diucapkan oleh orang yang tidak terkenal kuat keislamannya. Tidak kurang dari Mr. Soebardjo sendiri yang dalam salah satu karangannya mengatakan hal itu dalam sajak berbahasa Inggris: *Man proposes, God disposes*. Mr. Hardi pada peringatan hari ulang tahunnya ke-65 beberapa minggu yang lalu juga mengatakan hal itu.

Sekalipun belum pernah ketemu sesuatu rencana yang tertulis, akan tetapi jelaslah, bahwa Soekarno, Hatta dan semua mereka yang mengikutinya, hidup dalam alam pikiran: merdeka dalam "kerja sama" dengan Jepang. Sjahrir dalam hal ini dalam keadaan lain, ia tidak terpaksa sibuk "kerja sama" dengan Jepang.

Pada saat kemerdekaan sudah diproklamirkan, maka suasana sudah berubah tidak lagi "bekerja sama" dengan Jepang. Sjahrir yang katanya bekerja di bawah tanah (pekerjaan semacam itu tentu tidak dapat dilaporkan, apalagi dengan cara tertulis), setidaknya berpikir-pikir lain dari Soekarno dan Hatta.

Dapat dimengerti, bahwa kabinet yang dipimpin oleh Soekarno-Hatta pada minggu-minggu, malah bulan-bulan pertama, memperlihatkan keragu-raguan, tidak *cekat-ceket*, sebagaimana dikehendaki dalam suasana revolusi.

Untuk memendekkan cerita: Dengan restu Soekarno dan Hatta (sekalipun, tidak 100% ikhlas dan gairah) Soekarno mengangkat Sjahrir sebagai Perdana Menteri dan sekaligus dalam sistem Demokrasi Parlementer.

Sjahrir yang dalam masa pendudukan tidak sibuk meladeni Jepang saya rasa sudah berpikir-pikir, bagaimana menghadapi masa itu. Ia berhasil membuat *statement* politik, yang menurut Dr. Halim memang Sjahrir yang membuatnya, yang Wakil Presiden Hatta bersedia menandatangani.

Statement Sjahrir itulah yang membuat revolusi RI bergerak lagi, yang disusul dengan perundingan dengan Belanda, dalam mana Inggris memainkan peranan penting yang sesuai sekali dengan sifat-sifat orang Inggris: menjadi orang penengah, mendesak kedua pihak untuk mencapai penyelesaian damai. Itulah memang suasana yang meliputi dunia sesudah perang berakhir.

Selama tiga kabinet Sjahrir menjadi pemimpin, Masyumi ikut serta, semakin lama, semakin intensif.

Kalau Sjahrir waktu itu dinamakan pemimpin yang berhasil dan besar, tidak berarti, bahwa Masyumi hanya ikut *manut* seperti saudara katakan. Masyumi menghargai dan mengakui bahwa Sjahrir adalah pemimpin kabinet dan dalam posisi mengambil inisiatif serta memajukan usul-usul, akan tetapi tidak berarti bahwa semua ditentukan oleh dia.

Inilah kesalahan yang dibuat oleh Sjahrir dan diikuti oleh kawan-kawannya. Kalau Sjahrir tidak memimpin pemerintahan, maka ia memberi kesan, seolah-olah, hanya mereka saja yang dapat memimpin negara.

Dalam hubungan ini saya sangat tertarik oleh yang saudara ceritakan tentang disertasi dari Robert Meyers, dalam mana Sjahrir sendiri mengatakan, bahwa sebenarnya yang dominan atau paling pintar itu adalah PSI, yang mempergunakan atau memperalat lain-lain partai untuk menjalankan kehendaknya.

Kenyataan yang pahit adalah, bahwa PSI keluar dari Pemilihan Umum 1955 sebagai partai kecil sekali. Padahal rencana pemilihan umum itu dibuat oleh seorang pemimpin PSI yaitu Mr. Lukman Wiriadinata dan seorang pemimpin Masyumi, Mohamad Roem. Meskipun sudah jelas pilihan rakyat, akan tetapi PSI (berarti sekelompok pemimpinnya) masih merasa mereka itu mendominir dunia politik di Indonesia. Malah kadang-kadang mereka memberi kesan dunia intelektual juga mereka kuasai. Apakah itu bukan ilusi golongan yang kecil tapi ingin merasa masih besar.

Barangkali saudara telah membaca polemik antara Rosihan Anwar dengan saya, di mana Rosihan Anwar mengatakan, bahwa di langit politik di tahun 1930, hanya kelihatan beberapa bintang. Hatta, Sjahrir dan Soekarno (ini urutan dari Rosihan Anwar). Kemudian Rosihan membuka rahasia yang masih terpendam. Soekarno di tahun 1933 bertekuk lutut kepada pemerintah Belanda. Tinggal dua bintang: kedua-duanya bintang sosialis. Rosihan tidak lupa bercerita tentang pergerakan Islam politik dan sosial yang di waktu jayanya dipimpin oleh Tjokroaminoto dan Haji Agus Salim. Dua pemimpin ini sudah "letih terkulai."

Disertasi dari Robert Meyers itu memang sangat menarik, dan apakah banyak keterangan yang diambil dari Sjahrir sendiri atau omongan pengikut-pengikutnya? Buku itu saya rasa banyak sekali di Indonesia yang ingin membacanya, sekalipun hanya menceritakan ilusi kawan-kawan dari PSI. Saya minta dengan sangat sudilah saudara Nurcholish segera mengirimkan sebuah kepada saya.

Dalam pada itu saya tidak melupakan, bahwa Sjahrir waktu ia jadi Perdana Menteri benar-benar saya hargai pimpinannya, sedang dalam kabinet-kabinet yang saya ikut serta bersama dengan pemimpin-pemimpin PSI, saya menyimpan kenangan yang sedap sekali. Hal ini dapat disaksikan dalam karangan saya terutama yang sudah saya tuliskan dalam *Bunga Rampai dari Sejarah,* jilid I dan II. Jilid III bulan ini akan terbit, dalam mana akan dimuat dua karangan tentang Sjahrir. Kalau benar Sjahrir mengatakan, bahwa ia berhasil "mengantongi" Masyumi lewat Natsir, alangkah ia sudah lupa daratan. Tentang faktor kesukuan saya lebih dekat dengan sikap Natsir: faktor kesukuan dan famili tetap menjadi pertimbangan akan tetapi jangan mempengaruhi sikap kita dalam politik. Perbedaan politik tidak perlu mengurangi kehangatan hubungan kesukuan dan famili. Saya melihat hal ini dalam hidup almarhum Haji Agus Salim.

Dari pemimpin-pemimpin yang saudara sebut dalam surat saudara, ada tiga orang yang mengundurkan diri dari Masyumi karena perbedaan paham, yaitu Dr. Sukiman, Dr. Abu Hanifah dan Mr. Jusuf Wibisono. Ini karena sikap Masyumi terhadap PRRI. Masyumi sudah mengatakan bahwa pemberontakan itu inkonstitusional. Akan tetapi Soekarno masih menghendaki bahwa Masyumi harus mengutuk juga anggota-anggota yang ikut serta. Masyumi tidak mau, karena anggota-anggota itu tidak berbuat salah terhadap Masyumi, dan andaikata Masyumi mau mengambil tindakan harus diselidiki dulu apa yang salah (melanggar Masyumi). Jadi karena kita tidak mau, maka Soekarno membubarkan Masyumi. PSI mau menyalahkan Sumitro Djojohadikusumo dan mengeluarkan dia dari PSI, akan tetapi keputusan itu dirahasiakan. Tidak urung PSI dibubarkan juga, sedang hubungan Sumitro dengan kawan-kawan PSI sudah pecah sampai sekarang.

Tentang Masyumi dalam hal ini ada spekulasi lagi, yang *alhamdulillah* ternyata benar. Andaikata Masyumi mengutuk Natsir, Burhan, Sjafruddin dan lain-lain, maka tentu antara kita akan ada perpecahan. Akan tetapi kita memilih jalan yang hak, meskipun Masyumi dibubarkan dan pemimpin-pemimpinnya masuk penjara selama 4 tahun 4 bulan.

Kami merasa syukur, bahwa bagaimanapun kepemimpinan bekas Masyumi, yang saudara tentu tahu, siapa-siapa masih utuh sampai sekarang dan meneruskan apa yang kami pandang sebagai tugas yang terpikul di atas pundak kami, terutama di bidang dakwah.

Sekianlah beberapa catatan yang saya rasa masih baik saya sampaikan kepada saudara.

Akhirul kalam, saya mendoakan agar saudara diberi kekuatan untuk lekas menyelesaikan tugas saudara di luar negeri dan sampai ketemu di tanah air yang tercinta.

Wabillahi taufiq wal hidayah,

Wassalam,

P.S.
Saya menunggu disertasi Robert Meyers
hampir tidak dengan sabar.

Nurcholish Madjid:
Saya tak Rela Peran Pak Natsir Dikecilkan

22 Juni 1983

Yth. Bapak Mohamad Roem
Jl. Teuku Cik Ditiro No. 58
Jakarta Pusat, Indonesia

Assalamu'alaikum wr. wb.

Pak Roem yang baik,
Alhamdulillah, surat Pak Roem yang kedua, tertanggal 7 Juni, telah sampai. Maka untuk kedua kalinya saya sampaikan ucapan terima kasih yang setulus-tulusnya serta penghargaan yang setinggi-tingginya atas perkenan Pak Roem menanggapi kembali surat tanggapan saya itu. Saya benar-benar bersyukur kepada Allah bahwa saya telah ditakdirkan-Nya sempat berdialog dengan tokoh seperti Pak Roem melalui korespondensi ini.

Berkenaan dengan permintaan Pak Roem akan naskah tesis Robert J. Myers (jadi maaf, bukan Meyers seperti telah saya eja secara salah dalam surat yang lalu) saya dengan amat senang hati mengirimkannya kepada Pak Roem bersama surat ini. Tesis itu masih berupa naskah ketikan, tersimpan di perpustakaan universitas, dan tidak diterbitkan. Jadi yang saya kirimkan ini adalah fotokopinya.

Syukur *alhamdulillah* bahwa "spekulasi" saya tentang hubungan Pak Natsir dengan Sjahrir menurut Pak Roem benar. "Spekulasi" itu sebenarnya sudah lama saya timbang-timbang, karena dalam lubuk hati saya rasanya tidak rela akan berbagai penilaian yang cenderung mengecilkan peranan Pak Natsir, seorang pemimpin partai Islam yang terbesar dan modern, dalam hubungannya dengan Sjahrir. Dan tesis Myers itu semakin mengganggu saya. Sebab jelas dalam karya yang (formal) ilmiah itu terungkap, baik tersirat maupun tersurat, bahwa Sjahrir mengklaim sebagai telah mendominasi politik kelompok-kelompok tertentu di Indonesia, khususnya yang terdiri dari PSI, Masyumi, Parkindo dan Partai Katolik. Untuk sedikit mengulangi apa yang saya sebutkan dalam surat yang lalu dan membuatnya lebih akurat, Sjahrir membagi dunia politik Indonesia menjadi tiga kategori, terutama dalam kaitannya dengan sikap terhadap komunisme. Kategori pertama ialah kaum komunis sendiri, khususnya PKI. Kategori kedua (bukan ketiga seperti saya katakan dulu) ialah gabungan terutama dari PSI, Masyumi, Parkindo dan Partai Katolik. Dan kategori ketiga ialah golongan nasionalis, dengan Bung Karno sebagai tokoh tonggaknya (lihat halaman-halaman 8-12).

Berkenaan dengan kategori kedua itulah Sjahrir sendiri, menurut Myers (halaman 11), mengatakan bahwa PSI bertindak sebagai pelopor (*vanguard*). Ini bagi saya agak kurang masuk akal. Sebab jika kategorisasi politik itu memang didasarkan pada sikap terhadap komunisme, maka yang lebih mungkin ialah Masyumi yang bertindak selaku pelopor, mengingat sikap anti komunismenya Masyumi, karena dasar keagamaannya, tentu lebih prinsipal dan fundamental daripada sikap PSI yang dalam analisis terakhir toh sebuah partai Marxis seperti PKI. Atau mungkinkah Sjahrir mempunyai alasan lain yang membenarkan klaimnya itu? Kemudian di halaman 12 terbaca keterangan bahwa PSI sampai 1955, *"tried to exercise authority through its close association with the large Moslem party, the Masyumi, and generally function in parliament as a political brain trust"*. Jadi jelas tersimpul bahwa PSI mendominasi pemikiran politik kita. Perkataan "mengantongi" tidak ada di situ. Tapi, kesan adanya klaim "mengantongi" itu timbul karena istilah-istilah *vanguard* dan *political brain trust* tadi.

Tentu saja banyak keterangan lain dalam tesis itu tentang Masyumi, yang positif maupun yang negatif. Ini menambah kesenangan saya menyerahkan naskah tesis itu kepada Pak Roem, sehingga bisa ditanggapi dan kalau perlu dikoreksi di mana-mana yang tidak benar. Saya yakin penilaian Pak Roem akan dipandang sebagai mengandung tingkat keabsahan yang tinggi, mengingat otoritas Pak Roem sebagai tokoh yang secara langsung terlibat dan memainkan peranan amat penting dalam masa-masa pertama Republik.

Pak Roem, saya ingin menegaskan sekali lagi "spekulasi" saya yang dibenarkan Pak Roem itu. Jadi, menurut saya, Pak Natsir bukanlah seorang "pengikut" Sjahrir, tapi seorang "penyerta" gagasan-gagasannya. Ini memang menyangkut persoalan istilah yang sepintas lalu seperti tidak penting, tapi sesungguhnya bisa mengandung implikasi yang jauh. "Mengikuti" (*following*) saya artikan sebagai sikap seseorang terhadap orang lain dalam gambaran formasi muka-belakang, sedangkan "menyertai" (*sharing*) dalam gambaran formasi kanan-kiri. Jadi kalau saya katakan bahwa Pak Natsir "menyertai" beberapa ide politik Sjahrir, bukannya "mengikuti," maka maksud saya ialah bahwa Pak Natsir, dalam gambaran formatifnya, berada dalam posisi kanan-kiri, atau sejajar, terhadap Sjahrir, bukan muka-belakang (kecuali kalau malah Pak Natsir di muka, dan Sjahrir di belakang).

"Spekulasi" itu — yang setelah mendapat dukungan Pak Roem sekarang menjadi pengetahuan atau malah keyakinan — bagi pribadi saya sendiri mempunyai dua makna. Pertama psikologis, dan kedua ideal. Makna pertama, seperti telah saya singgung tadi, ialah berkaitan dengan perasaan terganggu saya oleh penilaian-penilaian yang sering saya dengar di tanah air, juga di Amerika, yang cenderung mengecilkan peranan Pak Natsir terhadap Sjahrir. Ini bisa dimengerti kalau kita ingat bahwa setiap orang perlu apa yang dalam psikologi disebut *imago ideal* yang sesempurna mungkin. Tapi juga karena sebuah peristiwa *rada* dramatis yang menyangkut saya, yang juga saya ceritakan dalam surat saya dari Chicago kepada Pak Natsir tahun 1976 dulu.

Ketika pada awal tahun 70-an sampai kepada Ibu saya di Jombang berita-berita tentang persimpangan jalan saya dengan Pak Natsir, Ibu saya menjadi sangat prihatin. Begitu prihatinnya, sehingga Ibu saya itu selalu bangun malam, melakukan salat tahajjud, memohonkan petunjuk Allah untuk saya khusus berkenaan dengan soal ini. Dan dalam suatu kesempatan saya pulang ke Jombang, Ibu saya dengan wajah sedih menegur, "Nur, *kenek apa koen geger ambek* Pak Natsir, pemimpin *sing pinter dewe nok* Indonesia?" Kemudian saya jawab bahwa saya tidak *geger* dengan Pak Natsir. Itu hanya kesan karena berita-berita di media massa, yang belum tentu benar semua. Yang benar ialah saya berbeda paham dengan Pak Natsir, itu pun hanya dalam beberapa masalah saja. Memang diakui bahwa dalam proses berbeda paham itu, sengaja atau tidak, tersangkut hal-hal pribadi yang membuat perbedaan itu semakin pedas, padahal belum tentu, dan memang tidak relevan. Berkenaan dengan hal-hal terakhir ini saya janjikan kepada Ibu untuk meminta maaf kepada Pak Natsir. Dan itulah yang kemudian saya lakukan dalam surat saya 1976 tadi, sambil membicarakan hal-hal yang lain.

Sementara itu, sesungguhnya, ketika mendapat teguran Ibu tadi, saya bergumam dalam hati, "Pak Natsir pemimpin paling bijak di Indonesia? Lalu bagaimana dengan penilaian yang sering saya dengar bahwa Pak Natsir amat terpengaruh, jika tidak dipimpin, oleh ide-ide Sjahrir?" (Hanya saja saya tidak berani menyatakan hal itu kepada Ibu. Sebab saya tahu bahwa Ibu adalah seorang Muslimat Masyumi yang tulus namun berpikir sederhana saja, sehingga tentu tersinggung jika pemimpinnya, Pak Natsir, terdengar kurang dari orang lain).

Keprihatinan dan teguran Ibu terukir cukup mendalam pada jiwa saya, dan sejak itu saya seperti terus-menerus terdorong untuk mencari informasi tentang hakikat hubungan Pak Natsir dengan Sjahrir. Sayang sekali, sebegitu jauh informasi-informasi tertulis yang ada, seperti tulisan-tulisan George Mc.Turnan Kahin dari Cornell, memang sering mengesankan, meskipun tidak selalu jelas dan eksplisit, bahwa PSI dalam hal ide-ide politik lebih unggul dan sempat sangat mempengaruhi Masyumi. Kemudian saya ketemu tesis Myers itu. Dasar jiwa saya sudah dibuat peka terhadap persoalan tersebut, maka keterangan Myers itu secepat kilat tertangkap mata saya. Karena saya tidak bisa menerima klaim Sjahrir itu (mungkin secara bawah sadar saya selalu ingin membuktikan bahwa Ibu saya benar), tapi saya tidak mempunyai bahan konkret untuk membantahnya, maka paling jauh yang dapat saya lakukan ialah membuat spekulasi, meniru-niru metode Pak Roem. Maka *alhamdulillah* surat Pak Roem datang dan membenarkan spekulasi itu dengan bahan-bahan yang sekalipun sedikit namun konkret dan berotoritas. Ini sangat menenteramkan hati saya.

Makna kedua, yaitu makna ideal, ialah begini: seperti saya katakan dalam surat yang lalu, jika "spekulasi" saya tadi benar, maka menurut saya, sikap-sikap politik seperti yang ditunjukkan oleh Pak Natsir itu justru harus dikembangkan. Sebab bagi saya sikap itu mencerminkan sikap terbuka, positif, dan inklusif, yaitu hal-hal yang dalam surat yang lalu saya coba mengemukakannya sebagai nilai-nilai positif yang amat diperlukan oleh bangsa kita sebagai dukungan, sekaligus realisasi, untuk cita-cita demokrasi. Saya hanya "memprotes" jika dikatakan bahwa Pak Natsir "mengikuti" Sjahrir. Tapi saya mendukung sepenuhnya bahwa Pak Natsir "menyertai" Sjahrir, atau siapa saja dan golongan mana saja, berkenaan dengan beberapa gagasan dan tindakan politik yang menjadi kepentingan bersama. Dengan kata lain, *menyertai* mereka karena adanya suatu *common platform*, berujud pikiran-pikiran yang diakui bersama kebenaran dan keabsahannya. Dalam surat yang lalu saya gunakan istilah *kalimatin sawa'* (atau dalam transliterasi yang lebih tepat, *kalimah sawa'*), suatu istilah Al-Qur'an. Dalam Surat Ali Imran ayat 64, Allah memerintahkan Nabi Muhammad saw. agar mengajak orang-orang Yahudi dan Kristen (*Ahl al-Kitab*) untuk menuju suatu *kalimah sawa'* antara Nabi dengan mereka. Dan kalau mereka menolak, kita diperintahkan menegaskan identitas kita sebagai orang-orang yang pasrah kepada Tuhan.

Saya ingin membuat analogi (*qiyas at-tamsil*) terhadap makna ayat itu, semoga benar. Yaitu, jika terhadap orang-

orang agama lain, khususnya Yahudi dan Kristen, diperintahkan agar kita mengajak mereka menuju kepada suatu *common platform* yang dalam ayat tersebut dijelaskan sebagai paham Ketuhanan Yang Maha Esa dalam maknanya yang murni, maka saya kira kita juga dibenarkan mencari dan menemukan *common platform* politik dengan golongan-golongan politik lain, berupa prinsip-prinsip atau gagasan-gagasan politik yang bisa saling dibenarkan. Inilah sudut penilaian saya tentang Pak Natsir, baik selaku pemimpin Masyumi maupun sebagai pribadi, berkenaan dengan apa yang telah dilakukannya terhadap Sjahrir dan PSI, juga terhadap golongan-golongan lain yang sejarah mencatat mereka bekerjasama cukup erat dengan Masyumi dalam usaha menegakkan demokrasi dan konstitusionalisme di Indonesia, yaitu Parkindo dan Partai Katolik (kedua-duanya sebagai *partai politik*).

Jadi "spekulasi" saya itu juga mengisyaratkan dukungan saya kepada Pak Natsir berkenaan dengan beberapa pilihan politiknya, khususnya kesertaannya dengan orang-orang sosialis. Tapi jelas sikap saya ini tidak terjadi secara mendadak sontak, melainkan secara evolusioner, sebab saya ingin sikap itu terjadi atas dasar alasan-alasan yang mantap, yang dikaji secara kritis. Karena itu saya bisa menerima dan membenarkan penilaian Pak Roem dalam surat terdahulu (23 April) bahwa saya telah merasa dekat dengan Pak Natsir, yaitu berdasarkan hasil pengamatan saya akan pikiran-pikiran Pak Natsir secara lebih lengkap.

Sikap Pak Natsir itu lebih-lebih lagi bisa dibenarkan, mengingat Sjahrir memang sungguh-sungguh seorang pemikir besar. Membaca tulisan-tulisan dan gagasan-gagasannya seperti, misalnya, *Perjuangan Kita*, orang tentu tidak silap menyimpulkan bahwa Sjahrir adalah seorang pemikir sosialis besar, seperti diakui oleh rekan-rekannya di Eropa Barat. Dan saya rasa banyak gagasannya itu yang masih berlaku untuk perkembangan negara kita, khususnya yang ada sekitar cita-cita masyarakat demokratis yang berkeadilan sosial. Pak Sjafruddin Prawiranegara pun pernah mengeluarkan pamflet tentang hubungan antara Islam dan cita-cita sosialis itu. Ini di samping bahan kajian lama, seperti H.O.S. Tjokroaminoto dan Agus Salim. Maka biar pun gagasan besar politik itu datang dari seorang Sjahrir yang "Marxis", namun kalau kita tahu hal itu benar adanya, kita dibolehkan, malah dalam sebuah hadis dianjurkan, memungutnya. Jadi jelas terpujikan oleh agama.

Pak Roem menyebutkan dalam surat tentang sikap Pak Natsir, yang Pak Roem setujui, bahwa "faktor kesukuan dan famili tetap menjadi pertimbangan, akan tetapi jangan sampai mempengaruhi kita dalam politik. Perbedaan politik tidak perlu mengurangi kehangatan kesukuan dan famili". Saya ingin mengemukakan suatu pendapat tentang hal ini. Pertama, jelas bukanlah pilihan kita, melainkan takdir Ilahi, bahwa kita dilahirkan dalam suku tertentu dan famili tertentu. Karena telah menjadi takdir Allah, maka kita harus *rida* kepada-Nya, dan memandang apa yang terjadi itu sebagai kemungkinan yang terbaik untuk diri kita. Berkenaan dengan soal kesukuan itu, dalam Kitab Suci disebutkan bahwa adanya berbagai bangsa dan suku haruslah dipandang sebagai kesatuan-kesatuan identitas yang berbeda-beda, yang harus saling kenal-mengenal. Karena itu saya rasa, tidak ada salahnya dalam batas-batas tertentu memelihara dan memperhatikan faktor kesukuan itu dalam pergaulan kita.

Sedangkan tentang famili, dalam Al-Qur'an terdapat ajaran yang kuat sekali agar kita memelihara hubungan sebaik-baiknya dengan sanak keluarga, dan ajaran itu disimpulkan dalam bentuk konsep-konsep tentang *ulu al-arham, silah ar-rahm* (silahturahmi), *ulu al-qurba*, dan lain-lain. Begitu kuatnya ajaran kekeluargaan ini, sehingga hubungan baik dengan orang tua dalam surat Al-Isra' ayat 23 disebutkan sebagai pesan Allah kepada umat manusia, yang disenapaskan dengan Tauhid. Bahkan terhadap orang tua yang kafir sekalipun, Al-Qur'an tetap memerintahkan dijalinnya hubungan yang baik, sebagaimana tersebut dalam surat Luqman ayat 15: *"Jika kedua orang tuamu itu berusaha keras mengajakmu untuk mempersekutukan Aku, maka janganlah ditaati. Namun bergaullah dengan keduanya itu di dunia ini secara layak."*

Jadi jelas bahwa berkenaan dengan hidup kekeluargaan itu ajaran dasar agama kita ialah kebaikan dan kelayakan, dan dalam hal ini soal ideologi, paham dan agama tidak perlu menghalangi sikap kebaikan dan kelayakan itu. Maka tidaklah mengherankan bahwa orang-orang yang sangat paham prinsip-prinsip agama Islam seperti Pak Natsir dan Haji Agus Salim berpandangan seperti yang Pak Roem ceritakan. Justru suatu hal yang patut disyukuri bahwa tokoh-tokoh itu telah sempat memberi percontohan nyata tentang bagaimana hidup kekeluargaan yang baik dengan kemampuan mengenali dan membedakan mana hal-hal yang prinsipal atau ideologis yang tidak relevan terhadap kehangatan pergaulan itu *an sich*, dan mana pula hal-hal yang relevan terhadap kehangatan pergaulan itu, yang sebaliknya tidak relevan terhadap soal-soal ideologis. Secara analogi lagi, "kedua orang tua" tersebut dalam ayat itu bisa diteruskan kepada anggota famili yang lain, dan kefamilian ini pun, saya kira, secara analogi bisa pula diperluas kepada sistem persahabatan pada umumnya.

Hal itu selaras benar dengan nuktah Pak Roem yang lain dalam surat terdahulu (23 April), yaitu nuktah tentang perbedaan paham yang membawa rahmat Tuhan, bahwa perbedaan paham itu tidak perlu menghilangkan kehangatan pergaulan sesama kita dalam hidup di dunia ini. Hanya saja saya masih tetap heran, mengapa banyak pembahas luar, termasuk Myers, yang sering melihat pentingnya kenyataan bahwa para pemimpin kelompok tertentu terdiri dari orang-orang berasal dari suku atau daerah tertentu. Karena bagi saya cara penglihatan seperti itu tidak atau kurang relevan, maka dalam surat yang lalu saya katakan isyarat serupa itu tidak berharga. Jika memang berharga, lalu apa yang harus dikatakan tentang banyaknya orang dengan nama Sansekerta dalam lapisan kepemimpinan intelektual Masyumi seperti Pak Sukiman Wirjosandjojo, Pak Kasman Singodimedjo, Pak Prawoto Mangkusasmito, Pak Sjafruddin Prawiranegara, Pak Jusuf Wibisono, Pak A.W. Soejoso, Pak Dipowardojo, serta lain-lainnya itu? Karena itu, sekali lagi, saya katakan tidak relevan.

Sementara itu, mengulangi hal tersebut di atas, saya senang sekali dengan argumen Pak Roem tentang perbedaan paham yang tidak sekedar berbeda, yang sekiranya membawa rahmat Tuhan karena bisa digunakan untuk semakin mendorong kita menemukan kebenaran, dan yang tidak perlu menghilangkan kehangatan dalam pergaulan. Bahwa hal ini sering untuk banyak orang kurang jelas (terus terang termasuk untuk saya sendiri dulu) adalah karena sedikitnya pengalaman dan kurangnya kejernihan berpikir. Dan saya berpendapat bahwa termasuk soal beda paham yang sehat itu ialah apa yang telah saya kemukakan dalam surat terdahulu, yaitu bahwa saya kurang bisa memahami beberapa hal tentang Masyumi sekitar ide "Negara Islam" di Konstituante dan keterlibatan beberapa pemimpinnya dalam PRRI. Tapi telah saya sebutkan dalam surat yang lalu beberapa informasi yang saya peroleh di Chicago ini, yang sedikit banyak memberi kejelasan untuk persoalan itu. Di sini saya ingin menyebut sumber informasi lain lagi, yang memberi kejelasan amat penting tentang ide "Negara Islam" di Konstituante itu, yaitu disertasi Ph.D. saudara Ahmad Syafi'i Ma'arif. Disertasi itu amat menarik, dan Pak Roem saya persilakan berhubungan dengan Saudara Sjafii di FKIS IKIP, Karangmalang, Yogyakarta, untuk bisa memperoleh dan membacanya. Banyak teman yang menyarankan agar disertasi itu diterjemahkan, diedit seperlunya, dan diterbitkan.

Sementara itu, saya tidak menginginkan timbulnya gambaran seolah-olah saya hanya mempunyai pandangan berbeda dengan Masyumi. Perbedaan paham yang memang penting tentu ada baiknya dikemukakan, tapi demikian juga halnya dengan kesamaan paham yang ada. Berkenaan dengan ini saya ingin menanggapi soal "tata krama politik" atau kejujuran dalam berpolitik yang Pak Roem sebut-sebut dalam surat. Kebetulan dalam surat yang pertama dulu saya juga mengajukan soal Islam sebagai sumber ajaran etis dalam politik. Meskipun etika mencakup persoalan yang jauh lebih luas daripada masalah tata krama, namun tata krama yang dijaminkan oleh pemahaman dan peresapan akan ajaran-ajaran etis Islam, menurut keyakinan saya, adalah yang paling kuat, mengingat sistem teologi dan eskatologi Islam yang jelas nyata. Dan jika dalam surat itu dulu saya sebutkan pula kesetujuan saya kepada pendapat Pak Natsir bahwa Amerika ini, misalnya, pada hakikatnya adalah sebuah Negara Kristen (meskipun resminya sekular demokratis), maka kesetujuan itu ialah saya dasarkan kepada persoalan segi etis itu, karena adanya pandangan sementara ahli, seperti Parsons dan Bellah, bahwa negara ini memang diramu oleh etika Kristen Protestan, atau lebih tepatnya, etika mereka yang biasanya disebut sebagai *WASP* (*White Anglo-Saxon Prostestants*).

Dalam seringkali omong-omong dengan teman-teman di Chicago, khususnya dengan Saudara Syafi'i Ma'arif sebelum pulang, saya suka mengemukakan problema etis umum dan riil di negeri kita. Sudah tentu orang akan segera menyahut bahwa landasan etis itu ialah Pancasila. Tidak ada salahnya dalam pendapat itu, mengingat bahwa Pancasila telah kita setujui sebagai nuktah-nuktah bersama untuk mendirikan negara. Tapi sesungguhnya Pancasila baru mantap hanya pada tingkat formal-konstitusional, yang karenanya menyebut tentang adanya etika Pancasila juga benar hanya pada tingkat formal-konstitusional itu. Sedangkan dalam masyarakat nyata, etika yang hidup di kalangan rakyat sama sekali tidak (belum) tunggal, dan bervariasi sejak dari etika animis primitif di daerah-daerah pedalaman berbagai pulau sampai kepada etika kebarat-baratan di kota-kota besar.

Namun ada sumber-sumber pandangan etis yang meluas dan dominan, yang secara sangat potensial bisa menjadi *ragi* pandangan etis bangsa secara keseluruhan, dan yang bisa dijadikan bahan pengisian wadah etika Pancasila. Yaitu, pertama, etika kebangsaan Indonesia yang perwujudan paling baiknya dan penampakan paling dinamisnya ialah bahasa Indonesia; kedua, etika kemodernan yang merupakan akibat langsung keberadaan kita di abad modern, dan yang introduksinya kepada bangsa kita, sayangnya, dimulai oleh kaum penjajah melalui sekolah-

sekolah yang mereka dirikan dan yang sampai kini sebagian besar sistemnya masih bertahan; kemudian, ketiga, etika Islam yang sebagai anutan rakyat merupakan agama paling luas menyebar di seluruh tanah air, dan yang perannya diakui para ahli sebagai perata jalan untuk tumbuhnya paham-paham maju dan modern di kalangan rakyat kita, khususnya dalam bentuk paham persamaan manusia (egalitarianisme) dan pengakuan serta penghargaan kepada adanya hak-hak pribadi, selain paham hidup menurut aturan atau hukum (pengaruh langsung sistem syariah), dan *weltanschauung* yang lebih bebas dari takhayul.

Melihat beberapa kenyataan, nampaknya dari kelompok orang-orang Indonesia yang paling banyak menggabungkan ketiga unsur etika nasional itu ialah Masyumi, khususnya seperti tercermin pada kehidupan para pemimpin intelektualnya. Hal itu demikian, pertama, karena Masyumi adalah sebuah partai Islam, agama yang telah dikatakan tadi paling banyak meliputi wilayah Indonesia. Kedua, di antara partai-partai yang ada dulu, Masyumi tercatat sebagai partai yang paling luas menyebar ke seluruh pelosok tanah air, dengan intensitas kepengikutan yang merata. Ketiga, selain tubuh partainya yang menyebar itu, pimpinan Masyumi adalah yang paling banyak dan lengkap mewakili secara relatif berimbang berbagai daerah dan kelompok kesukuan. Keempat, Masyumi adalah sebuah partai Islam yang tegas menerima modernisme dalam berbagai manifestasi dan perwujudannya, antara lain berkat pengenalan modernisme itu oleh para pemimpin intelektualnya yang umumnya berlatar belakang pendidikan modern (Belanda).

Oleh karena itu watak Masyumi yang paling menonjol, sebagaimana telah menjadi pengamatan para ahli, ialah coraknya sebagai golongan Muslim Modernis. Kenyataan ini jelas tercermin dalam etika para pemimpin Masyumi, sebagaimana, misalnya bisa dilihat pada kehidupan pribadi dan kerumahtanggaan mereka. (Secara bergurau saya sering mengemukakan kepada teman-teman di Chicago, seperti Saudara Syafi'i Ma'arif dulu, bahwa orang-orang Masyumi itu *kejepit* — dalam arti positif — antara etika Islam dan etika modern: etika Islamnya membuat mereka (*nuwun sewu*) tidak mungkin *keluyuran* ke tempat-tempat maksiat, dan etika modernnya membuat mereka menjadi monogam-monogam yang setia, tidak seperti sementara kalangan kiai kita yang poligam).

Kita bisa menerangkan hubungan organik antara ke Indonesiaan menyeluruh (bukan kedaerahan) orang-orang Masyumi itu dengan suatu segi ajaran Islam. Demikian pula, kita bisa menemukan kaitan fundamental modernisme orang-orang Masyumi – meskipun jelas faktual-historis mereka mengenalnya mula-mula melalui pendidikan yang mereka peroleh di zaman kolonial – dengan prinsip-prinsip Islam. Karenanya dapatlah dikatakan bahwa etika orang-orang Masyumi itu, secara keseluruhannya, adalah tidak lain daripada etika Islam. Sehingga jika di Indonesia harus ada semacam etika yang sebanding dengan etika *WASP*-nya Amerika itu, maka *WASP* itu – mudah-mudahan saya tidak terlalu salah – ialah mungkin Masyumi, minus konotasi rasial pada istilah asal Amerika itu.

Saya banyak menyebut-nyebut Masyumi di sini bukanlah karena saya kehinggapan nostalgia kepada kejayaan partai Islam modernis itu beberapa dasawarsa yang lalu. Tetapi dalam penelaahan masalah etika politik itu, menurut pendapat saya, dapat kita temukan segi-segi paling positif tentang Masyumi yang telah "membubarkan diri" (istilah Pak Prawoto) itu. Bubarnya Masyumi itu sendiri tidak menjadi perhatian utama saya di sini. Tapi yang menjadi *concern* saya ialah hal-hal yang bersangkutan dengan etika itu, sebab persoalan ini mempunyai akibat yang jauh lebih strategis dan fundamental, serta meliputi jangka waktu yang lama.

Di atas telah saya ajukan contoh bagaimana bentuk nyata etika Islam modernis itu pada tingkat perorangan dan kerumahtanggaan para pemimpin intelektual Masyumi (puritan/tidak maksiat, dan monogam setia). Tapi itu hanyalah penyebutan sebuah contoh sederhana dan kecil. Sedangkan sebenarnya, tentu saja, manifestasi etika Islam modernis itu bisa dilihat dalam banyak sekali perjuangan dan pandangan sosial politik orang-orang Masyumi. Bagaimanapun, sejarah akan mencatat tingkat ketulusan yang tinggi dari orang-orang Masyumi seperti Pak Roem ini dalam perjuangan menegakkan Demokrasi, Hak-hak Asasi Manusia, Tertib Hukum, Konstitusionalisme, Pemerintahan Bersih, Moralitas Pribadi, Keadilan Sosial, Hak-hak Perorangan, Kebebasan Menyatakan Pikiran dan Pendapat, Kebebasan Pers, dan seterusnya, yang kesemuannya itu "kebetulan" sama dengan apa yang bisa kita ketemukan pada orang-orang *WASP* Amerika, minus konotasi rasialnya. Kuatnya etika pada para pemimpin Masyumi itulah yang membuat mereka dikagumi sebagai pemimpin-pemimpin dan politisi-politisi berwatak, berkarakter, dan berkepribadian, biar pun di mata mereka yang paling kritis kepada Masyumi.

Orang nampaknya berselisih pendapat tentang apakah Masyumi berhasil atau gagal dalam perjuangannya. Tapi, saya kira, perselisihan itu hanya mengenai segi perjuangan

Masyumi pada dataran politik praktis. Yang belum banyak ditelaah orang ialah segi perjuangan para pemimpin intelektual Masyumi, langsung atau tidak langsung, dalam menumbuhkan dan menegakkan etika sosial politik yang setinggi-tingginya itu. Sampai sekarang saya belum pernah mendengar atau membaca pembahasan serius mengenai masalah ini.

Pada dataran etis filosofis itu mungkin orang akan sulit mengatakan bahwa para intelektual Masyumi itu telah gagal. Setidak-tidaknya, patut dikhawatirkan kalau orang tidak lagi menyadari adanya segi-segi etika yang amat tinggi pada orang-orang Masyumi, yang jelas tetap relevan untuk perkembangan bangsa selanjutnya. Dan selagi beberapa tokoh utama intelektual Masyumi itu masih ada bersama kita sekarang, ada baiknya segi ini dikemukakan, antara lain untuk mendapatkan konfirmasi-konfirmasi yang diperlukan.

Saya melihat bahwa pengalaman kaum intelektual Masyumi bisa menjadi tambang emas untuk menggali bahan-bahan perbandingan pandangan etis sosial politik itu bagi Indonesia masa depan. Jika etika itu bisa dikembangkan, lalu bisa disemaikan lebih subur pada kalangan generasi muda bangsa dengan suatu metode yang lancar, wajar, alamiah dan tanpa provokasi politik yang di negara berkembang selalu bersifat rawan dan peka itu, maka tidak mustahil Indonesia akan benar-benar ditopang oleh pandangan etis yang sehat dan kuat, sebanding dengan Amerika Serikat yang ditopang oleh etika *WASP.* Dan dengan begitu kita dibenarkan memandang Indonesia sebagai sebuah "Negara Muslim", sama dengan bagaimana Pak Natsir memandang Amerika Serikat sebagai "Negara Kristen".

Saya katakan di atas bahwa saat-saat sekarang ini adalah kesempatan yang paling baik, jika bukan yang "kritis", untuk membicarakan persoalan etika ini dan mengetengahkannya kepada masyarakat luas. Saya katakan "kritis", ialah dalam kaitannya dengan kenyataan *mumpung* etika politik yang luhur itu masih bisa dilihat percontohan hidupnya pada tokoh-tokoh yang saat ini masih bisa hadir bersama kami seperti Pak Roem, Pak Natsir, Pak Sjaf, dan lain-lain (Sayang sekali Bung Hatta, tambang emas etika politik yang paling kaya, telah cukup lama berpulang. Padahal tokoh inilah, menurut *Kompas* dalam tulisan memoriamnya dulu, yang selalu bertindak sebagai hati nurani bangsa Indonesia).

Kembali ke surat Pak Roem, contoh hidup yang etis itu juga bisa disimpulkan dari cerita Pak Roem tentang kebijaksanaan Pak Prawoto dan kawan-kawan dari pimpinan terakhir Masyumi untuk tidak menuruti permintaan Bung Karno memecat dan mengutuk Pak Natsir, Pak Sjaf, Pak Bur, dan lain-lain disebabkan keterlibatan mereka ini dalam gerakan inkonstitusional PRRI. Saya rasa Pak Roem sungguh berhak bersyukur kepada Allah atas hidayah-Nya itu. Sebab seandainya Pak Roem dan kawan-kawan dulu melakukan pemecatan dan pengutukan model Bung Karno itu, seperti dispekulasikan sendiri oleh Pak Roem, pasti akibatnya akan menimbulkan kerusakan dan kerunyaman umat yang amat parah dan berlarut-larut. Pak Roem telah menyebut kasus Prof. Sumitro sebagai contoh. Pemecatan dan pengutukan oleh pimpinan PSI kepadanya (yang kata Pak Roem toh dirahasiakan itu) telah membuat runyam barisan mereka. (Saya lalu ingat berbagai tulisan polemis mereka di awal Orba tentang pelacuran intelektual dan politik. Saya tidak tahu siapa yang benar, tapi kejadian itu betul-betul *ngenes*). Dan seandainya pimpinan Masyumi dulu memecat dan mengutuk rekan-rekannya yang terlibat dalam PRRI itu, dapat dipastikan tamatlah riwayat Masyumi, baik pada dataran politik praktis maupun dataran etis filosofis, dan musnahlah sisa-sisa terakhir perjuangan menegakkan kultur politik yang sehat itu dalam skalanya yang besar dan fundamental. Syukur, *alhamdullilah,* hal itu tidak terjadi.

Saya kira semua orang, khususnya kami sendiri, sekarang bisa menarik pelajaran yang positif dari Masyumi dan yang negatif dari PSI berkenaan dengan kultur politik pecat-memecat dan kutuk-mengutuk itu. Inilah antara lain yang membuat pembicaraan mengenai etika tadi semakin relevan sekarang, karena nampaknya kultur politik yang amat destruktif itu saat ini sedang kambuh lagi. Kita tidak usah jauh-jauh menengok keadaan orang lain. Kita lihat saja PPP, yang karena keislamannya kita merasa dekat kepadanya. Tapi justru partai ini yang nampaknya sekarang menjadi tontonan "mengasyikkan" panggung politik kita. Saya tidak berani membuat penilaian lebih konkret. Tapi nampaknya situasi PPP itu semakin tidak *ketulungan*.

Tahun 1977 dulu saya mendukung PPP, dan malah ikut aktif membantu kampanye, terutama dengan Gus Yusuf Hasyim di Jawa Timur. Secara terbuka saya kemukakan juga alasan saya mendukung PPP yang *underdog* itu, yaitu ide tentang struktur politik nasional dengan kekuatan-kekuatan yang berimbang, sehingga kesempatan senantiasa terbuka bagi salah satu kekuatan itu untuk tumbuh dan tampil menjadi alternatif terhadap yang memerintah sekarang. Dengan begitu, harapan kita, fungsi "memilih" dalam pemilihan umum itu benar-benar bermakna, dan terlaksanalah salah satu ide dasar demokrasi, yaitu kebebasan rakyat *to hire or fire the goverment,* dengan damai tanpa skandal. Maka saat itu saya lihat baik sekali kalau PPP bisa tumbuh menjadi kekuatan yang potensial itu. (Tapi ketika ide ini tersentuh dalam suatu diskusi tentang politik negara berkembang di sebuah kelas pada Universitas Chicago ini, saya dikatakan oleh profesor saya berilusi!)

Kini nampaknya harapan PPP akan tumbuh menjadi kekuatan alternatif itu semakin jauh, dan kemungkinan terciptanya sistem politik nasional dengan kekuatan-kekuatan yang berimbang itu menjadi semakin kecil. Banyak teori ilmu sosial politik yang bisa digunakan untuk menerangkan gejala-gejala itu. Tapi toh saya menyesalkan sekali bahwa PPP, tidak berbeda dengan PDI, juga akhirnya dilanda kanker politik berupa kebiasaan pecat-memecat, kutuk-mengutuk, dan caci-mencaci sesama kawan itu. Dulu dikira PPP kebal terhadap penyakit itu, berkat kuatnya NU yang menulangpunggunginya. Tapi sekarang ternyata kekebalan PPP itu hanya sebuah ilusi belaka. Kanker politik yang amat berbahaya itu kini menjalari tubuhnya yang semula mulus, dan kini nampaklah mulai *bopeng-bopeng*.

Terdapat kesan cukup kuat bahwa sebagian dari para tokohnya — jelas tidak semua mereka — telah kehilangan banyak sekali kemurnian cita-cita, dan ada yang nampak sibuk mengokohkan legitimasinya sekaligus mencari jalan bagaimana "selamat" dan bertahan dalam kedudukannya sekarang. Apalagi jika orang sudah melihat politik dengan partai dan posisi-posisi pribadi yang diperolehnya seolah-olah "sawah-ladang" atau "toko-warung" mereka.

Membaca berita-berita tentang mereka ini, tak terhindarkan lagi adanya kesan bahwa seluruh polah-tingkah dan manuver-manuvernya itu hanya bermotifkan bagaimana *survive* dalam posisi mereka, dalam keadaan diliputi suasana selalu khawatir, waswas dan curiga bahwa sesama temannya atau orang lain senantiasa mengincar kedudukannya dan mendongkelnya. Dari jauh nampak seperti masing-masing mereka itu saling pasang kuda-kuda menghadapi rekannya sendiri dan orang lain. Jika penyakit campak politik itu hanya menghinggapi mereka dari generasi yang lebih tua, mungkin kita bisa menghibur diri, "Biarlah, toh mereka akan segera pergi." Tapi kalau sempat praktik-praktik itu terwariskan kepada generasi yang lebih muda — dan agaknya sudah mulai terwariskan — maka inilah malapetaka yang hanya Allah yang tahu bagaimana nanti mengatasinya.

Barangkali di kalangan umat ini harus ada suatu badan yang entah bagaimana caranya bisa menyaring calon-calon politisinya begitu rupa sehingga dengan meminjam metode tarjih dari ilmu *Musthalah Hadis* dapat disisihkan mereka yang tidak memenuhi persyaratan etika Islam, dan yang sebaliknya bisa terpilih orang-orang dengan tingkat moralitas pribadi yang tinggi (puritan/tidak maksiat), yang bukan oportunis-oportunis dan avonturir-avonturir yang hanya tahu mengeksploitasi politik untuk kepentingan diri sendiri saja. Mungkin juga kita harus menggagasi kembali perubahan susunan politik nasional kita, khususnya berkenaan dengan pemilihan umum, sehingga mekanisme yang mendorong orang berbuat hanya untuk mencari "selamat" itu terhapuskan. Saya lalu ingat gagasan Pak Prawoto tentang pemilihan umum sistem daerah, yang membuat seorang politisi menjadi milik langsung para pemilih di daerahnya, bukan milik partai seperti pada sistem proporsional sekarang. Sebab dalam sistem proporsional itulah terdapat banyak sekali peluang bagi timbulnya manipulasi-manipulasi, yang membikin seorang (calon) politisi tidak lagi independen dan memiliki diri sendiri, tetapi menjadi semacam barang inventaris pimpinan partai — malah juga oknum-oknum dari kalangan pemerintah — dan membuat mereka menjadi sangat tergantung dan memelas. Saya kira Pak Prawoto terbukti benar.

Tapi saya tidak ingin melakukan generalisasi atau *gebyah-uyah* di sini. Dengan tulus kita mengakui bahwa dari kalangan orang-orang PPP itu — siapa saja mereka ini — terdapat orang-orang yang nampak menunjukkan keikhlasan dan kemurnian cita-cita yang cukup mengharukan. Kepada mereka ini ingin kita menyatakan simpati kita, dan doa kita bagi mereka untuk 'inayah dan hidayah Allah semoga mereka tabah, tawakal, dan akhirnya berhasil menyelamatkan hikmat-hikmat yang tersisa. Mereka menjadi tumpuan harapan kita, dan kita ingin rasanya menitipkan persoalan usaha menegakkan etika politik yang terpuji seperti telah ditunjukkan contohnya oleh orang-orang seperti Pak Roem dan kawan-kawan ini. Karena saya sendiri menyadari tidak berbakat dalam politik praktis, malah ada kecenderungan saya menjauh daripadanya, maka saya ingin teman-teman yang berbakat dan mampu itu maju terus, dengan harapan mereka tetap setia kepada cita-cita bersama yang luhur, *Insya Allah*.

Baik juga kiranya Pak Roem ketahui bahwa *concern* saya tentang etika Islam modernis seperti pada Masyumi itu telah pernah saya kemukakan dalam ceramah saya di Konferensi Indonesia di Madison, Wisconsin, 1976 yang lalu. Seperti telah saya sebut-sebut dalam surat terdahulu, ceramah itu kemudian diterbitkan bersama ceramah-ceramah orang lain. Kemudian di Universitas Chicago ini, ketika pada 1980 diadakan Konferensi tentang Kebangkitan Islam, saya juga kebagian bicara tentang Indonesia. Dalam makalah sederhana saya yang kemudian juga diterbitkan dalam bentuk sebuah buku bersama yang lain-lain itu saya membuat kesimpulan bahwa nampaknya yang paling diperlukan bagi Indonesia untuk masa depannya ialah pengembangan lebih lanjut modernisme Islam seperti telah dirintis oleh para intelektual Masyumi. Kemudian setahun yang lalu, di Athens, Ohio, saya membawakan makalah khusus di hadapan teman-teman anggota Permias, dengan dihadiri antara lain oleh Prof. Mahadi dari Medan dan pengarang terkenal Satyagraha Hurip, dan di situ saya mengetengahkan persoalan etika bangsa dan kemungkinan adanya *WASP* Indonesia seperti di atas. Saya kemukakan keprihatinan saya oleh adanya kenyataan bahwa Indonesia kita ini, menurut istilah Gunnar Myrdal, adalah sebuah *soft state,* khususnya dalam bidang etika itu.

Merajalelanya korupsi, misalnya, adalah antara lain karena tidak jelasnya perbatasan antara mana yang *haq* dan yang *batil,* akibat lunaknya segi etika itu. Juga saya kemukakan bahwa salah satu sumber kelunakan etika itu ialah relativisme dan sinkretisme yang berlebihan pada sebagian kita, khususnya seperti nampak pada ajaran-ajaran kejawen. Tinjauan ilmiah terhadap tasawuf dan mistik membuktikan bahwa ajaran-ajaran monistis, penegasan perbedaan antara baik dan buruk menjadi amat sulit, jika bukan mustahil. (Dalam kosmologi Ibn'Arabi yang monistis dan fantastis itu, misalnya, Iblis justru kelak akan mendapat surga tertinggi, karena ia terbukti lulus ujian Tuhan dengan tidak bersujud kepada Adam sang makhluk, sebab, kata Ibn 'Arabi, Iblis menyadari bahwa hanya Tuhanlah yang berhak disujudi. Jadi Iblis telah menerapkan Tauhid yang paling tinggi, dan berhak atas surga yang paling tinggi pula). Apalagi kejawen tadi jelas penuh dengan *gugon tuhon,* takhayul, khurafat, dan ajaran-ajaran tidak benar lainnya, meskipun untuk adilnya, ada juga terselip hal-hal yang benar, yang kadang-kadang cukup mengesankan. Tapi kita bicara hanya mengenai keseluruhannya saja.

Sejak beberapa waktu terakhir ini ada sedikit orang di luar negeri yang dalam tulisan-tulisan mereka menyebut-nyebut dan mengutip-ngutip saya. Yang terakhir saya ketahui ialah Ruth Mc.Vey, dalam buku suntingan James P. Piscatori, yang sedikit menyinggung saya sebagai telah berusaha memberi interpretasi kembali pemikiran Islam modernis Indonesia secara radikal. Tentang secara "radikal" itu saya tidak tahu. Tapi tentang perhatian saya kepada modernisme Islam, sebagaimana saya coba menerangkan dalam surat ini, saya rasa Insya Allah sejati dan benar. Kemudian, bicara tentang modernisme Islam di Indonesia itu, saya kira tidak lepas dari bicara tentang kaum intelektual Masyumi, yakni, untuk bagian terbesarnya. Dan karena saya sepenuhnya menyadari tidak berbakat untuk politik praktis, namun saya amat tertarik kepada pemikiran politik yang lebih mendasar dan bersifat jangka panjang, maka segi etika kehidupan politik itulah yang senantiasa menyibukkan pikiran saya. Mengatakan begini, tidaklah berarti bahwa saya akan tampil dengan wajah yang *semuci-suci,* penuh etika pribadi dan moralitas tinggi (ini adalah perjuangan intern pribadi saya). Tapi saya ingin mengemukakan persoalan etika itu sebagai persoalan kita bersama, persoalan umat, persoalan bangsa, dengan implikasi yang jauh dan prinsipal.

Sedatangnya di tanah air kembali, Saudara Syafi'i Ma'arif menjadikan persoalan etika itu tema pokok lontaran-lontaran pikirannya, dengan menegaskan bahwa etika itu harus digali kembali dari sumber-sumber agama yang otentik, yaitu khususnya Al-Qur'an. Lontaran pikiran

Saudara Syafii itu, menurut suratnya, *alhamdulillah*, mendapat sambutan yang menggembirakan. Kini nampaknya banyak teman yang ingin mendukung gagasan Saudara Syafii itu dan menggarapnya lebih lanjut. Sebab, sebagaimana dalam surat terdahulu saya kemukakan, persoalan itu merupakan salah satu hal yang amat memerlukan penalaran intelektual, agar pandangan-pandangan sehat yang sudah memasyarakat diketahui kaitan organisnya dengan ajaran dasar kita, dan agar dapat dikembangkan pandangan-pandangan fundamental lebih lanjut. Penalaran itu harus dengan menggunakan pendekatan prinsipal, menyeluruh, dan tidak bersifat *ad hoc*. Ini hanya bisa terjadi jika kita benar-benar kembali kepada sumber-sumber pokok agama, yaitu Kitab Suci dan Sunnah Nabi, sambil mengembangkan sikap kritis terhadap standar-standar Islam historisnya. Hasil penalaran itu diharapkan akan menstabilkan gagasan-gagasannya, untuk pijakan pengembangannya lebih lanjut.

Sementara itu, sesuai dengan perintah Kitab Suci sendiri agar kita selalu memperhatikan Sunatullah, maka kita harus memperkaya penalaran kita dengan mempelajari sejarah, yaitu perwujudan Sunnatullah itu bagi kehidupan bersama manusia. Dan untuk Indonesia, berkenaan dengan masalah etika kehidupan politik itu, yang terdekat dan yang terpenting ialah sejarah perjuangan di bidang itu oleh para intelektual Masyumi. Kemudian dalam rangka melaksanakan perintah Allah untuk mengambil pelajaran dari Sunnah-Nya dalam masyarakat manusia itu, kita juga memerlukan bantuan berbagai disiplin ilmu, khususnya yang dalam hal ini langsung relevan ialah ilmu-ilmu kemasyarakatan dan kemanusiaan, di samping peralatan untuk bisa memahami masa lampau Islam dengan warisan budaya dan intelektualnya yang kaya raya itu.

Dari hal-hal itulah saya ingin sekali kelak membicarakannya dengan Pak Roem. Saya yakin akan bermanfaat untuk kita semua, lahir dan batin, *Insya Allah*. Saya dan teman-teman dulu banyak sekali membuat kesalahan, tapi kesalahan-kesalahan kami itu mudah diperbaiki, antara lain dengan bantuan tokoh seperti Pak Roem ini.

Akhirnya, terima kasih atas segala perhatian Pak Roem. Salam untuk semua yang bisa tersampaikan, dan sampai berjumpa selekasnya, *Insya Allah*.

Wassalamu'alaikum wr. wb.

Dengan ikhlas,

Nurcholish Madjid

Mohamad Roem:
Bagi Saya: "Islam? Yes. Partai Islam Juga Yes"

Jakarta, 31 Agustus 1983

Assalamu'alaikum wr. wb.

Saudara Nurcholish yang baik,
Surat saudara yang ke-3, tanggal 22 Juni 1983, serta disertasi dari Robert J. Myers berjudul *The Development of the Indonesian Socialist Party* sudah sampai dengan selamat di tangan saya.

Hanya sayang sekali bahwa saya tidak dengan cepat menyampaikan beritanya tentang penerimaan itu dan mengucapkan banyak-banyak terima kasih. Untuk itu saya minta sebanyak-banyak maaf dari Saudara.

Di waktu akhir-akhir ini kesehatan saya agak kurang baik, sebagai akibat dari operasi yang tahun lalu saya jalani di Nederland. Operasi itu adalah operasi plastik untuk menutupi kulit yang rusak di leher bagian kanan, akibat dari pengobatan sinar kobalt 30 tahun lalu. Waktu itu saya sakit tumor di bagian itu, tumor yang baik hati *(benign)* yang mau diobati, akan tetapi obatnya, yaitu sinar kobalt, ternyata sudah 30 tahun merusak kulit, yang harus diganti, diambilkan kulit dari paha kanan dan kiri. Semula dokter-dokter di Indonesia ragu-ragu menjalankan operasi itu, karena saya sudah tua. Karena itu saya ke Nederland, di mana mereka berani menjalankan operasi tersebut.

Kemudian Ibu Roem juga harus menjalani operasi, yakni batu di empedu, yang sudah ketahuan 10 tahun yang lalu. Dokternya memandang karena Ibu Roem sudah lanjut usianya, sebaiknya jangan dioperasi melainkan diobati dengan diet. Akan tetapi 10 tahun kemudian dokter-dokter yang muda-muda memandang harus dioperasi. Syukur operasi ini berhasil dengan baik. Pada hari Lebaran yang lalu, Ibu Roem masih berada di Rumah Sakit Islam Jakarta. Pengalaman itu bagi saya memberi rasa syukur. Dokter kita yang muda-muda lebih berani, akan tetapi keterampilan mereka juga sudah memadai.

Dalam pada itu, disertasi Robert J. Myers itu sudah saya buatkan beberapa buah fotokopi, dan yang sudah saya beri sebuah eksemplar adalah Saudara Natsir dan Saudara Anwar Harjono. Di samping itu Saudara Dawam Rahardjo dan Redaksi *Panji Masyarakat* juga sudah meminjamnya untuk membuat fotokopi.

Di samping itu surat-menyurat antara saudara dengan saya, masing-masing sudah dua pucuk surat, sudah pula mendapat perhatian dari kalangan agak luas. Ada yang meminjam suratnya untuk membuat fotokopi sendiri, dan ada juga yang saya berikan fotokopi.

Surat saudara yang ketiga ini malah sebelum saya jawab sudah ada yang meminta atau membuat fotokopi. Akhirnya Adi Sasono mengeluarkan pendapat untuk mencetak saja surat menyurat itu, yang saya sendiri tidak keberatan, akan tetapi saya masih ingin mendapatkan bagaimana pendirian saudara. Surat menyurat antara saudara dengan saya ini memang tidak dimaksudkan untuk diumumkan, akan tetapi kenyataannya sekarang sudah banyak kawan-kawan yang ikut membacanya dengan perhatian. Saya sendiri merasa syukur, waktu menerima surat dari saudara 'Imaduddin, bahwa ia bersenang hati, bahwa sudah terbuka dialog antara saudara dengan saya. Juga kali ini jawab saya tidak akan sepanjang seperti surat saudara.

Saya ingin memulai dengan memberi sedikit komentar tentang apa yang saudara menyatakan dalam akhir surat saudara, di mana saudara mengatakan: "Saya dan teman-teman dulu banyak sekali membuat kesalahan tapi kesalahan kami itu mudah diperbaiki, antara lain dengan bantuan tokoh seperti Pak Roem ini."

Mengakui kesalahan menurut ajaran Islam adalah tindakan yang terpuji. Dalam pada itu saya rasa saudara hanya dapat menyatakan kesalahan sendiri, atau jika saudara juga mendapat izin untuk menyatakan kesalahan dari teman-teman saudara. Dan kalau sudah dikatakan "dulu banyak sekali membuat kesalahan", maka kurang indah, jika saudara sendiri yang mengatakan dan memberi penilaian: "tapi kesalahan-kesalahan kami itu mudah diperbaiki." Saya yakin, mereka yang telah merasakan kesalahan saudara, akan memaafkan betapapun besar kesalahan itu. Dan lagi saya merasa agak berat, diikut sertakan dalam memperbaiki "banyak kesalahan-kesalahan" itu. Saya tidak tahu kesalahannya.

Apakah saudara dan teman juga tidak membuat kesalahan-kesalahan terhadap saya? Dalam surat-menyurat ini, pernah saya singgung kembali. Apa yang saudara katakan: "*Islam? Yes. Partai Islam? No.*" Waktu saya membaca surat saudara mengatakan hal itu, timbul jawab dalam kalbu saya, yang tidak saya tulis dan saya tidak mengatakan kepada saudara, bahwa bagi saya "*Islam? Yes. Partai Islam juga Yes.*" Dalam kehidupan saya sendiri, Islam bagi saya adalah pedoman hidup, sedang Partai Islam adalah tempat di mana saya berjuang dan beramal. Dalam polemik saya dengan Rosihan Anwar, saya katakan, bahwa bagi Soekarnopun, partai adalah penting sekali. Apa arti Soekarno, jika tidak ada PNI. Ia terbentuk dan berkembang dari, dan dalam, PNI.

Saya mengambil kebebasan untuk mengingat kembali hal itu, meskipun saya berpendapat hal itu sudah termasuk zaman yang lampau. Saya ingat, dalam surat-menyurat ini saya katakan, sebagai seorang politikus saya tidak terkejut atau heran apalagi berang, kalau mendengar hal-hal yang kadang-kadang tidak enak di telinga.

Kemudian daripada itu Saudara Dawam sesudah membaca disertasi dari Robert J. Myers, mendapat gagasan untuk menterjemahkan disertasi itu dalam bahasa Indonesia. Menurut pendapat saya, kalau kita belum cukup mengatakan sesuatu yang diperlukan tentang disertasi itu, maka menterjemahkan buku itu berarti propaganda untuk pikiran-pikiran Sjahrir yang tidak selamanya kita setujui atau banyak yang kita tidak setujui.

Waktu saya membaca dalam surat saudara yang kedua, yaitu kategorisasi Sjahrir tentang partai-partai di Indonesia, saya agak heran. Pak Natsir mengatakan tidak percaya, kalau hal-hal semacam itu dikatakan oleh Sjahrir sendiri. Tapi Pak Natsir menambahkan, bahwa kalau pemimpin-pemimpin PSI yang kecil-kecil mengatakan demikian itu, itu boleh jadi. Disertasi Robert J. Myers itu memberi keterangan yang baru saya temukan.

Kami sendiri belum pernah menamakan PSI itu *vanguard* atau *brain trust*, kita tidak pernah mengangkat PSI sebagai *brain trust*. Dalam pada itu, sulit juga malah tidak mungkin untuk melarang orang mengatakan yang bagus-

bagus tentang diri sendiri. Dalam surat yang sudah saya terangkan kepada saudara bahwa Sjahrir memang pernah sampai tiga kali diangkat oleh Presiden Soekarno, untuk menjadi Perdana Menteri dan memimpin kabinet. Saya pun menghargai bahwa sebagai pemimpin kabinet sampai tiga kali, orang tidak dapat mengatakan bahwa kabinet itu gagal. Tapi apakah lalu ia boleh mengklaim menjadi *vanguard* dan *brain trust* dari kita, saya rasa tidak sejauh itu.

Dalam pada itu, ada sesuatu yang memberi penjelasan bagi saya. Sumber-sumber yang dikutip oleh Robert J. Myers itu adalah buku-buku yang dicetak di luar negeri (Rangoon). Memang di tempat itu terdapat markas Sosialis Internasional. Buku-buku yang dikutip dan dijadikan sumber oleh Robert J. Myers itu di Indonesia tidak terkenal. Sjahrir kalau memperkenalkan PSI di luar negeri rupanya begitulah nadanya.

Dalam pada itu, kita di Indonesia agak biasa dengan ucapan-ucapan kalangan PSI. Di kalangan oknum-oknum PSI ada istilah yang mereka banyak pergunakan, yaitu *orang kita,* yaitu seorang yang dalam masyarakat berarti. Oknum-oknum PSI mengaku saja bahwa dia itu kalau tidak anggota setidaknya *fellow traveller* PSI. Sampai lama sekali banyak orang memandang Mochtar Lubis itu orang PSI, padahal *fellow traveller* saja tidak.

Karena Masyumi itu anggota-anggotanya paling banyak, maka yang banyak berbuat keliru adalah oknum-oknum Masyumi. Mereka itu mengira bahwa dalam kabinet pemerintah, (manapun juga) selalu banyak orang-orang PSI. Dalam kabinet sekarang ini pun banyak yang mengira, bahwa Emil Salim itu "orang kita" dan Ali Wardhana juga "orang kita."

Saya sendiri pernah mendengar, dari siapa saya rasa

tidak perlu saya ungkapkan, bahwa seorang pemimpin PSI mengatakan, "Dulu Pak Sjafruddin itu "orang kita," akan tetapi *mrucut,* tapi kita mendapat ganti yang lebih baik, yaitu Natsir."

Memang harus diakui, bahwa PSI pernah memainkan peranan penting dalam sejarah RI, yaitu waktu Sutan Sjahrir muncul sebagai Perdana Menteri. Dalam surat saya yang saya rasa sudah saya singgung hal ini: Soekarno, Hatta dan pemimpin-pemimpin lain selama 3,5 tahun hidup dalam alam pikiran "merdeka dalam kerjasama dengan balatentara Jepang". Pada saat terakhir, keadaan berubah. Jepang dikejar oleh kekalahan. Maka tampaknya kabinet pertama yang dipimpin oleh Presiden Soekarno itu tidak *cekat-ceket*, sebagaimana diharapkan dari kabinet revolusi. Dan waktu itu Belanda tidak mau berunding dengan Soekarno, karena dia kolaborator. *Praten met Soekarno is even onwaardig als onvruchtbaar*. Sjahrir kemudian keluar dengan Maklumat Sepuluh yang ditandatangani oleh Hatta. Maka hilanglah alasan Belanda, sebab Sjahrir bukan kolaborator.

Selama ini kita harus akui bahwa pimpinan Sjahrir benar menghilangkan jalan buntu. Tapi kemudian anggota-anggotanya atau dia sendiri mengklaim bahwa semua itu seolah-olah jasa sendiri.

Maka hasil Pemilihan Umum 1955, dari mana PSI keluar sebagai partai kecil sekali oleh sebagian dari oknum-oknum anggotanya tidak mau mengakui kenyataan pahit itu. Mereka mengaku masih menguasai dunia politik dengan cara "mengantongi" Natsir dan siapa saja, yang kemudian mereka menamakan "orang kita" itulah yang sudah saya katakan sebagai "ilusi partai kecil yang masih ingin merasa besar".

Saya rasa perlu menerangkan semua ini kepada saudara,

agar saudara mengerti dan tahu bagaimana cerita-cerita itu lahir di dunia politik. Sebenarnya soal ini bukan soal yang harus ditulis, sebab mudah mengeruhkan suasana. Mudah-mudahan kita sudah dewasa dan dapat mencernakan hal itu dengan cara dewasa. Hal ini menjadi halangan untuk menyebarkan surat-menyurat ini terlalu luas. Saudara tentu sudah pernah membaca polemik saya dengan Rosihan Anwar, di mana Rosihan Anwar menuduh Presiden Soekarno sudah bertekuk lutut terhadap Belanda. Rosihan hanya mengunyah buku Ingleson. Yang membela Soekarno kebetulan saja waktu itu saya. Polemik itu berlangsung di harian *Kompas*, akan tetapi sekarang sudah menjadi tulisan dari Oey Hong Lee dari Hull University, United Kingdom.

Saya rasa baik jika saudara sudah selesai dengan studi saudara, saudara menulis kritik terhadap disertasi Robert J. Myers. Hal itu tentu akan mendapat perhatian luas. Saya rasa pemimpin-pemimpin Katolik dan Parkindo tidak akan menerima begitu saja untuk dinamakan "satelit". Mereka ikut dalam kabinet Sjahrir menurut *rules of the game*. Tidak dengan mengangkat PSI sebagai *vanguard* dan *brain trust*. Mereka mempunyai otak sendiri dan dipergunakan sebagai alat untuk menjalankan prinsip-prinsip agama Kristen dan Katolik.

Sekian saja jawab saya. Mudah-mudahan saudara lekas kembali di tanah air, agar kita dapat lebih leluasa bertukar pikiran untuk mencari perbaikan bagi umat Islam yang sama-sama kita cintai.

Wassalamu'alaikum wr. wb.

Mohamad Roem:
Pak Natsir, *The Spiritual Leader*

Jakarta, 8 September 1983

Assalamu'alaikum wr. wb.

Saudara Nurcholish yang baik,
Kalau saya sudah menulis surat kepada saudara, tidak jarang apa yang saya tulis ini masih menggema di pikiran saya.

Waktu saudara singgung sikap ibu saudara, timbul keinginan untuk memberi komentar sedikit. Kalimat yang saudara tuliskan sebagai kalimat ibu saudara, saya membayangkan, alangkah indahnya, jika diucapkan dalam dialek Surabaya.

Saudara bahagia mempunyai ibu yang mengikuti perkembangan umat dan tanah air. Saya setuju sekali dengan pendapatnya, bahwa Natsir itu, jika tidak yang paling pintar di Indonesia, setidaknya salah seorang yang pintar di Indonesia. Saya lupa, tapi saya ingat ada yang mengatakan, bahwa ia itu adalah *the spiritual leader* dari umat Islam di Indonesia pada dewasa ini. Kalau tidak salah suara itu keluar dari kalangan Cornell. Siapa saya lupa.

Kemudian daripada itu beberapa hari ini menjadi pikiran saya yang tiap kali timbul, apakah banyak baiknya, atau apakah mudaratnya, jika surat antara saudara itu mencapai kalangan yang lebih luas? Saya sampai kepada kesimpulan, bahwa sekarang ini saya pandang cukup. Lebih luas lagi tidak baik. Sjahrir yang juga menjadi sasaran dalam surat itu sudah tidak ada lagi. Di samping itu, betapapun kekurangannya — siapa yang tidak ada kekurangan — ia seorang yang saya hormati dan hargai. Jasanya bagi tanah air, justru dalam saat yang sulit, berarti sekali. Hal itu sudah saya katakan dalam surat saya. Tidak perlu satu perkataan pun perlu saya tarik kembali.

Sesudah saya pertimbangkan, maka saya tidak setuju lagi dengan Adi Sasono untuk mencetak surat-surat itu. Namun masih tetap akan saya berikan salinannya. Saya tetap berpendapat bahwa surat menyurat antara saudara dengan saya itu berguna bagi yang muda-muda. Jadi saya berpendapat, bahwa surat-surat itu hendaknya jangan lebih luas daripada jangkauan sekarang. Saya pun akan membatasi sampai garis itu.

Adapun, disertasi dari Myers tidak perlu mengurangi kebebasan di dunia ilmiah. Saudara bebas memberi komentar terhadap yang saudara berlainan pendapat atau tidak setujui. Antara lain saya sendiri belum pernah membaca pendapat orang, yang mengatakan, bahwa PSI itu *vanguard* atau *brain trust* dari Partai Masyumi, Partai Katolik dan Parkindo.

Saudara Dawam Rahardjo jika mau menyalin dalam bahasa Indonesia yang bebas, tidak perlu minta izin siapa pun kecuali yang memiliki *auteurrecht*.

Demikianlah tambahan surat saya dan terima kasih atas perhatian saudara.

Wassalamu'alaikum wr. wb

P.S.
Saya rasa baik, jika ibu saudara mengikuti korespondensi kita ini.

Nurcholish Madjid:
Saya Banyak Kesalahan

15 September 1983

Yth. Bapak Mohamad Roem
Jl. Teuku Cik Ditiro No. 58
Jakarta Pusat,
Indonesia

Assalamu'alaikum wr. wb.

Pak Roem yang baik,
Syukur kepada Allah, surat Pak Roem tertanggal 31 Agustus telah sampai. Kemudian hari ini datang pula surat susulan, tertanggal 8 September. Saya merasa *trenyuh* sekali bahwa Pak dan Bu Roem saat-saat akhir ini kurang sehat, malah harus menjalani operasi.

Sementara mengucapkan *alhamdulillah* bahwa Pak dan Bu Roem sekarang sudah sehat kembali, saya selalu ikut berharap semoga Pak dan Bu Roem tetap sehat, serta dikaruniai umur lebih panjang oleh Tuhan, untuk meneruskan dan menambah ibadat kepada-Nya.

Saya senang bahwa disertasi Robert Myers tentang PSI itu, kata Pak Roem, "memberi keterangan yang baru." Sebaliknya, surat Pak Roem juga memberi keterangan baru bagi saya, yaitu bahwa sumber tesis yang ada di kepustakaan sosialis internasional di Rangoon itu tidak dikenal di

Indonesia. Sinyalemen Pak Roem bahwa untuk kalangan luar negeri agaknya Sjahrir, tentang partai dan gerakannya, memberi keterangan yang berbeda dari yang untuk kalangan dalam negeri, saya rasa patut diperhatikan. Meskipun praktik serupa itu tidak perlu mengherankan, namun penting untuk diingat dalam memahami pikiran seorang tokoh. Malah tidak mustahil hal serupa juga terjadi pada sebagian dari kita.

Barangkali wajar saja bahwa Pak Natsir, menurut Pak Roem, tidak percaya jika klaim-klaim yang tersebutkan dalam tesis itu Sjahrir sendiri yang mengucapkan. Apalagi Pak Natsir tentunya sangat paham siapa itu Sjahrir, padahal klaim-klaim itu, jika benar, sangat merugikannya. Mungkin itu sebabnya mengapa pengamat luar, seperti George Mc.T. Kahin, sering mengatakan bahwa Pak Natsir adalah pimpinan "sayap kiri" atau "kelompok sosialis" dalam Masyumi. Dan itu pula agaknya yang membuat PKI (D.N. Aidit) menilai bahwa PRRI adalah "gerakan suatu partai kecil yang menunggangi partai besar." Maka itu baik sekali kalau ada di antara kita yang *cancut tali wondo* memperjelas persoalan ini, agar tidak menjadi onak duri dalam sejarah umat. Jika tidak mungkin dilakukan oleh tokoh-tokoh sepuh seperti Pak Natsir sendiri atau Pak Roem, maka harapan saya tokoh yang lebih muda seperti Mas Anwar Haryono dapat menanganinya. Apalagi mumpung *resource person*-nya masih tersedia banyak.

Begitu pula berkenaan dengan gagasan Saudara M. Dawam Rahardjo untuk menerjemahkan tesis Myers itu, saya rasa Pak Roem benar ketika mengatakan "kalau kita belum cukup mengatakan sesuatu yang diperlukan tentang disertasi itu, maka menterjemahkan buku itu berarti propaganda untuk pikiran-pikiran Sjahrir yang tidak selamanya kita setujui atau banyak yang kita tidak setujui." Sekarang, siapakah yang harus "mengatakan sesuatu yang diperlukan" itu, jika bukan mereka yang mengetahui benar duduk persoalannya. Lebih-lebih karena perkara ini, seperti kata Pak Roem, bisa mengeruhkan suasana. Padahal melempangkan sejarah adalah penting sekali, jika memang sejarah itu telah dibengkokkan orang. Pak Roem mengharapkan supaya saya nanti membuat tulisan sanggahan terhadap tesis Myers tersebut. Saya amat tertarik dengan ide itu, tetapi saya kuatir saya kekurangan otoritas. Sekali lagi saya berharap kepada tokoh bekas Masyumi yang lebih muda seperti Mas Anwar Haryono. Sementara itu, seperti kata Pak Roem dalam surat susulan, Saudara Dawam tetap mempunyai kebebasan ilmiah sepenuhnya untuk melaksanakan atau tidak idenya itu.

Mengenai klaim orang-orang PSI terhadap Pak Natsir yang Pak Roem sebut-sebut itu, agaknya sudah menjadi rahasia umum. Tetapi penilaian mereka tentang Pak Sjafruddin Prawiranegara, saya pernah mendengar versi yang agak lain. Kata Pak Roem, seorang pimpinan PSI mengatakan dulu Pak Sjafruddin itu "orang kita"' akan tetapi *mrucut,* tapi kita mendapat ganti yang lebih baik, yaitu "Natsir". Sedangkan yang pernah saya dengar ialah bahwa sebenarnya Pak Sjaf lebih cocok dengan PSI, tapi bergabung dengan Masyumi karena pertimbangan faktor keislaman daerah asalnya, Banten! Cerita ini kedengaran aneh, jika diingat betapa Pak Sjaf sangat yakin akan agamanya. Di antara tokoh-tokoh intelektual (berpendidikan Barat/Belanda) Masyumi yang ditahan rezim Bung Karno, Pak Sjaf adalah yang paling banyak berkhotbah dengan fasih setelah bebas. Tapi, Pak Sjaf juga diketahui sebagai penulis sebuah pamflet yang mengatakan, antara lain, bahwa sosialisme adalah bagian dari keIslaman. Lebih dari itu, kita juga mengetahui betapa peninjau luar mengagumi Pak Sjaf dengan ide dan tindakannya meningkatkan taraf hidup para petani di daerah Kediri pada tahun-tahun awal Republik, sehingga mereka bebas dari, malah sanggup bersaing terhadap, modal-modal Cina. Dan ide serta tindakan Pak Sjaf itu disebut sebagai sosialistis.

Biar pun begitu, saya tidak menginginkan timbulnya kesan adanya rasa tidak senang kepada orang-orang sosialis dari pihak saya. Malah saya merasa beruntung bahwa sampai sekarang saya menikmati pergaulan intelektual yang amat bermanfaat dengan cukup banyak dari kalangan mereka. Dan, seperti halnya dengan Pak Roem, saya tetap sangat menghargai Sutan Sjahrir. Jika saya menunjukkan perhatian yang cukup besar kepada masalah hakikat hubungan PSI-Masyumi tersebut, hal itu adalah karena keprihatinan saya terhadap adanya hubungan yang tidak seimbang antara kedua partai itu, jika klaim-klaim yang ada itu benar. Dan jika tidak benar, sebagaimana menjadi pendapat atau keyakinan kita, saya ingin sekali mengetahui alasan-alasannya mengapa timbul. Inilah yang membuat korespondensi dengan Pak Roem sangat saya syukuri, karena telah banyak memperjelas permasalahan. Sekarang barangkali tinggal pengkajian masalah itu lebih lanjut oleh yang berkompeten, misalnya para ahli sejarah, yang tentunya akan membuktikan benar tidaknya hal tersebut.

Selanjutnya, saya ucapkan terima kasih kepada Pak Roem atas teguran dan nasihat Pak Roem berkenaan dengan "pengakuan diri salah" saya dalam surat yang lalu. Apalagi Pak Roem mengingatkan pula bahwa "Mengakui kesalahan menurut ajaran Islam adalah tindakan yang terpuji." Rasulullah saw. juga pernah bersabda: "Beruntunglah orang yang sibuk mengenali kesalahannya sendiri, dan bukannya kesalahan orang lain." Ajaran Kitab Suci juga mengatakan agar kita bersikap adil karena Allah, meskipun mengenai diri sendiri, kedua orang tua, dan sanak famili (An-Nisa', 124). Dan saya kira makna hadis, "Katakanlah yang benar, meskipun pahit," tidaklah hanya berarti kita harus berani mengkritik orang lain dan mengemukakan kesalahannya, yang sering berakibat pahit itu. Tetapi, tentunya, termasuk pula mengakui kesalahan diri sendiri, dan justru inilah yang lebih pahit.

Saya kira etika mengakui kesalahan dan kegagalan itu adalah salah satu yang harus ditegakkan. Sayangnya yang terkenal kuat sekali berpegang pada etika ini ialah orang-orang Jepang yang justru bukan Muslim. Kita tidak bisa menghargai tradisi *hara kiri*. Tetapi kita sungguh mengagumi para pemimpin Jepang yang sering cepat mengakui kesalahan diri atau bawahannya, kemudian mengambil tanggung jawab penuh akibat-akibatnya. Tentu sejarah dan perkembangan Indonesia akan lain sekali kalau seandainya para pemimpinnya, dulu, sekarang, dan di masa depan, mempraktikkan etika ini, sehingga siapa saja yang pernah melakukan atau mendorong dilakukannya tindakan yang salah atau jelas merugikan orang banyak tak segan-segan mengakui dan berani menanggung akibatnya.

Sementara itu, saya ingin menjelaskan pernyataan dalam surat yang lalu bahwa "kami dulu banyak sekali membuat kesalahan" yang Pak Roem tanggapi itu. Dengan "banyak kesalahan" di situ bukanlah saya maksudkan kesalahan pribadi terhadap pribadi, melainkan kesalahan berkenaan dengan metode pelontaran ide-ide dan gagasan-gagasan yang pernah kami lakukan, termasuk penggunaan nomenklatur yang menjadi mediumnya. Seperti telah saya katakan dalam surat pertama dulu, kami bisa meyakini kebenaran materi gagasan-gagasan kami, tapi kami senantiasa mempersoalkan metode dan nomenklatur dalam pelontarannya kepada umum. Dan kesalahan yang terjadi itu tidak hanya saya sendiri yang menyadari dan mengakuinya, tetapi juga kawan-kawan, baik sewaktu saya masih di Jakarta sebelum ke Amerika ini, maupun sesudah di Amerika ini, lewat surat-surat. Ini yang menjadi alasan saya membawa-bawa teman-teman dalam surat yang lalu. Dalam salah satu suratnya, Saudara Djohan Effendi mengharapkan agar kami bisa lebih bijaksana dalam metode penyampaian itu dan penggunaan istilah-istilah, belajar dari pengalaman yang lalu. Di Jakarta dulu, misalnya, dalam suatu kesempatan diskusi di rumah Saudara M. Dawam Rahardjo, teman ini memperingatkan problema penggunaan istilah "sekularisasi" (meskipun dibedakan dari "sekularisme"), berdasar keterangan dalam *Encyclopaedia of Social Sciences* yang ia miliki. Demikian pula bisa saya sebutkan kritik almarhum Ahmad Wahib dalam catatan hariannya. Ia mengatakan bahwa "sekularisasi" yang saya maksudkan itu tidak akan lebih daripada apa yang telah diperbuat oleh Muhammadiyah. Meskipun ia dalam buku hariannya terasa sangat "Yogya-sentris" dan kurang memahami gejolak di Jakarta, namun kritik-kritiknya kepada kami yang ada di ibukota itu cukup beralasan. Demikian pula dengan kata-kata "pembaharuan", meskipun hanya "pembaharuan pemikiran", bukan "pembaharuan agama" (mustahil), dan meskipun juga ada sebuah hadis tentang *tajdid* yang terkenal, tapi, karena konotasi negatifnya untuk kalangan tertentu, agaknya harus dilepas. Nampaknya tekanan harus diberikan lebih banyak kepada pendekatan ilmiah untuk memahami agama, bukan "pembaharuan". Dengan pendekatan ilmiah itu kita berharap bisa mengenali mana yang "asli" Islam, dan mana pula yang produk perkembangan sosial historis, toh Islam telah menyejarah selama 14 abad.

Kesalahan lainnya yang bisa saya sebutkan di sini ialah kecenderungan pendekatan kami yang negatif, dengan banyak mengemukakan kritik tapi kurang memberi pikiran alternatif. Berhasil ataupun gagal, kami bermaksud mengajukan kritik-kritik membangun, suatu keperluan dalam masyarakat demokratis dan terbuka. Namun pengajuan alternatif yang lebih positif tentulah merupakan kewajiban pula. Demikian juga kesediaan mengakui adanya segi-segi kebaikan pada orang atau golongan lain, adalah termasuk kategori pendekatan positif itu. Ini menimbulkan pikiran tentang *relativisme intern* umat, seperti tercermin pada pengakuan sementara kelompok kaum Muslimin bahwa mazhab-mazhab fiqih itu semuanya benar, meskipun jelas banyak perbedaan, malah pertentangan, antara satu dengan lainnya. Saya kira *relativisme intern* (atau apa saja namanya yang lebih tepat) itu baik juga dikembangkan sekarang. Apalagi saat ini nampaknya kita kaum Muslimin *Insya Allah* sudah semakin dewasa dalam beragama, dengan indikasi, misalnya, kita tidak lagi mempersoalkan masalah-masalah *khilafiyah.* Dengan pikiran ini di kepala, dalam surat yang lalu saya mencoba mengajukan bandingan etika WASP untuk Indonesia yang saya katakan barangkali bisa digali dari etika para intelektual Masyumi. Bagi banyak orang mungkin kedengaran ironis bahwa yang sering mengajukan hal ini ialah almarhum Ahmad Wahib, yang walaupun mengkritik tokoh-tokoh Masyumi namun tak jemu-jemunya menyatakan kekagumannya akan sikap mereka yang menurutnya berkarakter tinggi itu.

Banyak kesalahan metodologis lain, namun cukuplah dalam surat ini saya sebutkan contoh-contoh di atas sebagai ilustrasi. Selebihnya kita sisakan untuk menjadi bahan pembicaraan kita nanti di tanah air, *Insya Allah.* Karena kesalahan-kesalahan itu menyangkut metodologi perjuangan untuk gagasan-gagasan dan ide-ide, maka kiranya Pak Roem bisa memahami bahwa kami berharap dapat belajar banyak dari pengalaman Pak Roem. Kelebihan seorang tua ialah bahwa ia pernah menjadi muda, sedangkan orang muda belum pernah menjadi tua. (Baik pula Pak Roem ketahui bahwa segi metodologi ilmiah saya juga menjadi sasaran kritik Muhammad Kemal Hassan dari Malaysia dalam disertasinya di Universitas Columbia).

Ada lagi satu hal dalam surat Pak Roem terakhir itu yang ingin saya tanggapi. Pak Roem menegaskan bahwa bagi Pak Roem, partai (Islam) adalah penting. Saya kira saya pun mengetahui pendirian Pak Roem itu. Justru karena Pak Roem adalah seorang partaiwan (Masyumi) maka saya mengambil kesempatan berkorespondensi ini, sebab kami melihat banyak persoalan yang bisa dibicarakan dengan dikaitkan kepada masalah kepartaian, dan kepada para tokoh bekas Masyumi.

Saya sendiri berpendapat bahwa partai, ditinjau dari sudut kepentingan perjuangan nilai-nilai Islam yang meluas, bisa penting dan bisa pula kurang penting. Saya kira hal itu jelas melihat situasinya. Barangkali dilihat dari sudut pandangan Pak Roem akan situasi yang ada, baik yang dialami dulu atau pun perkiraan Pak Roem akan masa sekarang dan yang akan datang, partai itu memang penting. Saya masih ingat bunyi selebaran yang dibuat, kalau tidak salah, oleh PP Masyumi, menjelang Pemilihan Umum 1955, yang oleh ayah saya ditempelkan di dinding mesjid kampung saya, Mojoanyar. Selebaran itu mengatakan bahwa ikut pemilu lewat partai adalah wajib dalam rangka perjuangan Islam, atas dasar dalil Usul al-Fiqh, *Ma la yatimm 'ul-wajib illa bihi fahuwa wajib* (Sesuatu yang tanpa dia, hal yang wajib tidak terlaksana sempurna adalah wajib hukumnya). Juga ada peringatan dari pimpinan Masyumi — entah di selebaran yang sama atau lainnya, saya lupa-lupa ingat — yang mengutip hadis, *Jika suatu urusan diserahkan kepada bukan ahlinya, maka tunggulah saat (kehancuran)-nya* (yang menurut seorang paman saya dialamatkan kepada NU, dengan semacam penilaian bahwa para ulama tidak ahli dalam politik!). Tapi, pertanyaan yang patut sekali diajukan ialah, apakah keadaan masih tetap saja seperti dulu, dan terus mendukung dasar pikiran itu? Inilah salah satu hal yang baik sekali kita bicarakan nanti.

Sementara itu, Pak Roem telah mengutip salah satu tema makalah saya Januari 1970 itu. Sebenarnya dalam makalah itu saya tidak mengatakan, *"Islam? Yes. Partai Islam? No."* Seperti kutipan Pak Roem, melainkan, *"Islam, Yes; Partai Islam, No?"* (dengan tanda tanya pada akhir kalimat yang menjadi anak judul makalah tersebut). Tapi memang banyak turunan makalah saya tadi yang entah mengapa menghilangkan tanda tanya itu. Namun semangat konteks bagian makalah itu tidak dapat mengubah maksud saya bahwa saya mempertanyakan, disertai sedikit kekhawatiran, beralasan atau tidaknya sikap yang menerima agama Islam sambil menolak partai Islam. Lebih-lebih lagi jika dalam penanya tersebut dipertimbangkan pula citra partai-partai Islam saat itu.

Penanyaan itu sendiri sesungguhnya berasal dari pengalaman saya sebagai pimpinan HMI saat itu. Kawan-kawan di Bandung; khususnya di ITB, mengeluh karena sulit menarik anggota baru dari kalangan mahasiswa perguruan itu, sebab mereka, kata kawan-kawan tersebut, berpegang kepada dalil, *"Islam, Yes; HMI, No!"* Sikap ini terbukti dengan mudahnya mereka bergabung dengan Mesjid Salman beserta kegiatan-kegiatan keagamaannya. Malah saya kira juga tercermin pada *wisdom* beberapa tokoh utama Mesjid Salman, seperti Bang 'Imad (Ir. 'Imaduddin), yang berhasil menarik ke dalam lingkaran Salman mahasiswa-mahasiswa dengan latar belakang keanggotaan dalam organisasi ekstra universiter bukan Islam, seperti GMNI. Adalah Bang 'Imad pula yang dulu kepada saya sering memperingatkan bahwa untuk tujuan dakwah, soal politik bisa dikesampingkan, sebab logika setiap dakwah (seruan atau ajakan) ialah inklusivisme dan keterbukaan, dalam arti harus dapat merangkul seluas mungkin kalangan. Ini bisa juga dipandang sebagai salah satu bentuk pelaksanaan ajaran Kitab Suci agar dakwah dilakukan dengan *hikmah* dan *mau'idah hasanah*, serta menggunakan argumentasi yang lebih unggul. Adalah Bang 'Imad pula yang dulu setiap berjumpa dengan saya selalu menagih kapan ikut bersama dia membina dakwah, sambil tak lupa menunjukkan sikap kurang senang jika melihat pada saya kecenderungan kepada politik (praktis). Karena alasan ini pula maka saya merasa beruntung berkesempatan secara pribadi menegaskan kepada Kang Muttaqien (K.H. Dr. E.Z. Muttaqien) — ketika berkunjung ke Chicago — bahwa saya termasuk orang yang dapat memahami dan menyetujui "politik"(!) dakwahnya. Dan di sini saya pun tak lupa akan kata-kata Pak Roem sendiri dalam surat terdahulu bahwa Pak Roem bersyukur dapat melanjutkan tradisi perjuangan tokoh-tokoh bekas Masyumi dalam bidang dakwah (tanpa partai politik).

"Dakwah", itulah saya kira salah satu kata-kata kunci perjuangan Islam di Indonesia selanjutnya. Ini tidak berarti kegiatan lain, seperti bidang politik, birokrasi, ekonomi, dan lain sebagainya, tidak penting. Kita tetap memerlukan pembagian kerja, dan biarlah setiap orang memilih bidang yang cocok dengan pembawaan dan bakatnya masing-masing. Itu pula yang dikehendaki oleh Kitab Suci. Namun jelas dakwah menuntut bagian perhatian yang lebih besar dari yang sudah-sudah. Ada peringatan dalam Al-Qur'an, At-Taubah: 123, bahwa tidaklah semua orang Islam mesti maju (ke medan pertempuran, politik, ekonomi, dan lain-lain), melainkan hendaknya ada dari setiap kelompok sejumlah orang yang mendalami agama supaya dapat memberi peringatan (dakwah) kepada yang lain agar tetap memelihara takwa kepada Allah. Salah satu bagian Kitab Suci yang sangat akhir diterima Nabi saw. ialah surat An-Nasr, yang memerintahkan kepada beliau, setelah orang berbondong-bondong masuk Islam, agar meningkatkan kegiatan kerohanian dengan lebih banyak bertasbih dan beristigfar kepada Tuhan. Juga termasuk yang sangat akhir diterima beliau ialah Al-Hadid: 16, "Belumkah tiba saatnya bagi mereka yang beriman itu untuk berkusyu' hati mereka dengan berzikir kepada Allah dan dengan memperhatikan Kebenaran yang diturunkan-Nya? Janganlah mereka seperti orang-orang yang diberi Kitab Suci terdahulu: lama masa berlalu bagi mereka, kemudian hati mereka mengeras, dan kebanyakan mereka menjadi fasiq."

Di sini saya juga ingin mengambil kesempatan mengucapkan terima kasih atas kiriman buku Pak Roem, *Bunga Rampai III*. Sungguh saya mengagumi sikap terbuka Pak Roem, yang Pak Roem demonstrasikan dengan kesanggupan menghargai tokoh-tokoh golongan dan agama lain seperti Kasimo, Leimena, Sjahrir, Oyong, dan lain-lain. Ada teori bahwa demokrasi tidak akan tumbuh tanpa kaum elite masyarakatnya saling mempercayai dan menghargai.

Berkenaan dengan ide saudara Adi Sasono untuk menerbitkan korespondensi kita ini, saya bisa menyetujui maksud Pak Roem dalam surat susulan. Namun harapan tetap, seperti kata Pak Roem, semogalah surat-surat ini berguna bagi yang membacanya dengan perhatian.

Adapun tentang ibu (dan ayah) saya, tentu merasa senang dengan adanya korespondensi ini. Mungkin beliau-beliau itu sudah mengetahui, tapi biarlah nanti saya ceritakan langsung secara lebih lengkap.

Terakhir, penghargaan saya yang setinggi-tingginya atas perhatian Pak Roem. Sekali lagi, saya ikut memohon kepada Allah swt., untuk kesehatan dan kesejahteraan Pak dan Bu Roem, semoga dianugerahi umur lebih panjang, dengan manfaat yang lebih banyak.

Wassalamu'alaikum wr. wb.

Dengan tulus,

Nurcholish Madjid

NB.: Dalam surat saya yang lalu, 22 Juni 1983, halaman 5, baris 4-7 dari atas, terdapat kekurangan dalam kutipan terjemah ayat Al-Qur'annya (Luqman: 15). Kutipan itu seharusnya terbaca: "Dan jika kedua orang tuamu itu berusaha keras mengajakmu untuk memperserikatkan Aku dengan sesuatu yang engkau tidak mengetahui (kebenarannya), maka janganlah mereka ditaati. Namun bergaullah dengan keduanya itu di dunia ini dengan layak, dan ikutilah jalan orang yang mendekat kepada-Ku...."

Dengan ini kekurangan ini saya lengkapi. Terima kasih.

Lampiran

ACARA DISKUSI PELUNCURAN BUKU
TIDAK ADA NEGARA ISLAM

ACARA DISKUSI PELUNCURAN BUKU *TIDAK ADA NEGARA ISLAM*

Diselenggarakan oleh Yayasan Paramadina, PT Penerbit Djambatan dan *Panji Masyarakat*
Jakarta, 7 November 1997

Pengantar Penyelenggara

Kehidupan bernegara, berbangsa dan bermasyarakat yang berdasarkan Islam. Itulah yang seyogyanya kita perhatikan dan kita dalami maknanya di banding penegakan sebuah nama, yaitu "Negara Islam".

"Apalah artinya sebuah nama?" Hal ini berulang kali ditegaskan di dalam buku *Tidak Ada Negara Islam*, baik oleh Nurcholish Madjid, yang lebih terkenal dengan sebutan Cak Nur, maupun almarhum Dr. Mohammad Roem.

Marilah kita alihkan acara ini sepenuhnya kepada moderator dan para pengupas buku dalam acara bedah buku ini, supaya banyak waktu tersisa untuk pertanyaan-pertanyaan dari *floor* sehingga peluncuran dan diskusi bedah buku ini dapat dimanfaatkan dengan sebaik-baiknya.

Akhirul kalam, kami, atas nama penyelenggara, sekali lagi mengucapkan terima kasih yang tak terhingga. *Wassalam.*

Kata sambutan dari Keluarga Bapak Mohammad Roem diwakili oleh Bapak Adi Sasono (cucu almarhum Dr. Mohammad Roem)

Bapak Hamid al-Gadri dan ibu, Ibu Dahlan Ranuwihardjo, Bang Ali Saḍikin dan teman-teman sekalian yang saya hormati. *Assalamu'alaikum wr. wb.*

Mohammad Roem lahir tahun 1908 dan lulus sebagai *Meester in de Rechten (Mr.)* pada tahun 1939. Pada tahun yang sama, Cak Nur lahir di muka bumi. Jadi diskusi ini berlangsung antara dua generasi yang berjarak 31 tahun. Sesungguhnya, diskusi tentang negara Islam atau negara nasional sudah dijadikan isu oleh keponakan Pak Mohammad Roem yang bernama Dahlan Ranuwihardjo di Universitas Indonesia pada tahun 1952. Saat itu, keponakan Mohammad Roem itu, atau paman saya, menjadi ketua pengurus besar Himpunan Mahasiswa Islam (HMI), dan apabila kemudian pada tahun 1983 diskusi itupun muncul, yang bikin gara-gara adalah orang yang sekarang masih rajin bikin gara-gara. Namanya Muhammad Amien Rais. Jadi calon presiden kita ini memang punya bakat bikin gara-gara.

Tanggal 1 November 1982, dalam edisi nomor 376, saudara Amien Rais diwawancarai oleh majalah *Panji Masyarakat* yang sekarang dipimpin oleh Mas Bambang Wiwoho, mengenai topik "Tidak Ada Negara Islam". Kemudian beliau diwawancarai sekali lagi pada tanggal 11 Februari tahun berikutnya, saat mana Mohammad Roem sudah berusia 75 tahun. Artinya, sudah lama beliau itu *mandeg pandito*.

Tanggapan Mohammad Roem tentang Muhammad Amien Rais ini menarik dan penting disimak. Beginilah ucapan seorang *pandito* kepada seorang Muhammad Amien Rais, "Amien Rais itu benar, bijaksana dan tidak mengejutkan". Perlu saya ulangi di sini, kalau kita mencari kata kunci untuk menilai Amien Rais, menurut *pandito* yang usianya sudah 75 tahun itu, "Amien Rais itu benar, bijaksana dan tidak mengejutkan". Namun itu 15 tahun yang lalu. Kalau orang itu benar dan bijaksana, biasanya tidak mengejutkan. Tetapi kalau orang dibilang "mengejutkan", itu biasanya benarlah adanya. Tapi, sekali lagi, ini kisah 15 tahun yang lalu. Saya tegaskan ini berulang kali supaya kita paham bagaimana Mohammad Roem menilai Muhammad Amien Rais.

Selamat datang, Mas Amien Rais *(Amien Rais baru tiba di acara diskusi - red)*. Tadi saya menyebut begini: Mbah saya 15 tahun yang lalu menilai anda dengan tiga kata kunci, "Amien Rais itu benar, bijaksana dan tidak mengejutkan". Itu 15 tahun yang lalu, jadi pasti sekarang lebih menjadi-jadi. Saya kutip lebih jauh kata-katanya, "Jika Amien Rais mengatakan tidak ada negara Islam dalam Sunnah, saya rasa itu benar. Tidak saja ia benar akan tetapi juga bijaksana". Karena di Indonesia istilah itu lebih baik jangan dipakai, karena tidak sedikit orang yang tidak menyukai, malah sampai ada yang alergi, mendengar istilah itu. Saya bahkan pernah mengorek salah satu catatan Anggaran Dasar Masyumi, di mana istilah itu juga tidak ada. Kata Mohammad Roem tentang "benar dan bijaksana" dan "tidak mengejutkan" entah benar atau tidak, saya tidak tahu, Mas Amien. Pokoknya, menurut Mohammad Roem, anda itu tidak mengejutkan. Kata beliau lebih lanjut, "Negara kita yang tercinta bernama Republik Indonesia. Menurut pendapat saya, Republik lebih dekat dengan Sunnah Nabi daripada kerajaan, akan tetapi sebagaimana kita melihat dalam sejarah Islam, Nabi dalam hal ini tidak memberi kepastian".

Muhammad Amien Rais, kata Mohammad Roem, memang tidak mengikuti jejak nenek moyang kita seperti Dr. Tjokroaminoto, K.H. Agus Salim, Haji Samanhudi, K.H. Ahmad Dahlan dan lain-lainnya, yang dalam upaya menjelaskan hal ini, tidak memakai kata-

kata sederhana dan tidak mengejutkan orang lain. Itu saja bedanya.

Mohammad Roem adalah sebuah pribadi yang menarik. Pada tahun 1950, beliau menjadi Komisaris Agung Indonesia di kerajaan Belanda, tatkala usianya baru 42 tahun. Kemudian tahun berikutnya sampai tahun 1953, beliau berada dalam Kabinet Natsir sebagai Menteri Dalam Negeri. Tahun 1956, pada usia 48 tahun, beliau menjabat sebagai Wakil Perdana Menteri I dalam Kabinet Ali Sastroamidjojo.

Masyumi dibubarkan pada tanggal 17 Agustus 1960, dan antara tahun 1962-1966, yaitu selama empat tahun empat bulan, Mohammad Roem masuk penjara. Sebagai cucunya, saya beberapa kali mengunjungi beliau di penjara Madiun, dan di penjara Madiun pangkat Mohammad Roem entah naik entah turun, tapi yang jelas di situ beliau dianggap "lurah". Saya rasa, jabatan tersebut diperlukan karena di penjara itu banyak sekali orang-orang besar sehingga diperlukan satu orang yang sabar untuk memimpin semuanya, mendamaikan kalau ada rebutan main badminton, main tenis, atau berenang. Oleh karenanya, secara musyawarah mufakat, Mohammad Roem dipilih sebagai "lurah" di penjara Madiun.

Paman saya, Ahmad Dahlan Ranuwihardjo, adalah orang yang dekat dengan Bung Karno. Dalam istilah sekarang, Ahmad Dahlan Ranuwihardjo waktu itu masuk dalam "sistem". Beliau menjadi anggota Dewan Nasional dalam usia yang cukup muda, yaitu sekitar 30-an, dan saya tidak bisa membayangkan nasib HMI tanpa adanya Ahmad Dahlan Ranuwihardjo dalam "sistem". Dan sebagai Sekretaris Umum (Sekum) Ikatan Cendekiawan Muslim Indonesia (ICMI), saya juga tidak bisa membayangkan ada

ICMI kalau tidak ada HMI, karena 99 persen anggota ICMI adalah anggota HMI juga.

Surat terakhir Mohammad Roem kepada Cak Nur dikirimkan pada tanggal 8 September, yaitu 16 hari sebelum Mohammad Roem wafat. Cak Nur menjawab surat Mbah Roem itu pada tanggal 15 September, sembilan hari sebelum beliau wafat. Jadi sampai hari-hari terakhir, beliau masih aktif dan masih bisa menjalin masa-masa suka dan duka bersama-sama. Sebuah pribadi yang unik, Mbah Roem suka sekali berenang di rumah Duta Besar Amerika, suatu yang tidak lazim bagi seorang pemimpin Islam pada waktu itu. Saya diajak masuk klub naik kuda, dibayari, dan diberi sepatu lars panjang. Ini karena Mohammad Roem adalah pendiri dari klub naik kuda tersebut. Suatu hari, Ahmad Dahlan Ranuwihardjo bertanya, "Pak Roem, anda kan sudah tua, kenapa belajar naik kuda?" Dia bilang, "Dia (kuda) jarang diperbudak orang!"

Pada saat bersamaan, Mohammad Roem juga bersahabat lahir batin dengan para pemimpin Masyumi. Dia tidak setuju dengan pendapat bahwa Mohammad Natsir itu *manut miturut* dengan Syahrir hanya karena sama-sama orang Padang. Memang masalah kesukuan juga masuk pertimbangan, tapi sebagai seorang sahabat, beliau merasa dekat dengan Mohammad Natsir. Pada saat yang bersamaan, saya juga sering makan bersama Mbah Roem dan Pak Kasino, Pak Subagyo, Pak Kardi dan lain-lainnya. Sesuatu yang mungkin pada hari-hari ini sulit kita bayangkan: sebuah pergaulan yang mulia yang tetap mengakui perbedaan tapi juga tetap berlandaskan persahabatan dalam satu moralitas politik yang tinggi.

Saya kira untuk menjaga semangat seperti itulah diskusi malam ini, tatkala yang hadir di sini tidak sedang berpikir tentang likuidasi bank. Itupun saya kira karena tidak ada yang punya bank di sini, dan oleh karenanya tidak ada juga yang akan mengajukan ke PTUN. Saya sendiri sebagai cucu bangga dengan kakek saya, yang dalam usia muda sudah mencapai taraf politik yang tinggi. Saya juga bangga dengan paman saya. Sedangkan saya sendiri, taraf politik saya yang paling tinggi adalah sebagai mantan anggota MPR.

Saya dan Amien Rais disatukan karena orangtua kita bersahabat. Bapak dan ibu saya dengan bapak dan ibu Mas Amien Rais bersahabat di sekolah, di Mualimin Muhammadiyah Yogyakarta. Saya disuruh bapak saya mencari anak Pak Suhud dan bersahabat dengannya, karena itu ajaran dari Rasulullah. Dan saya lakukan itu sampai sekarang. Saya bersahabat dengan Mas Amien Rais. Kebetulan kita sama-sama di ICMI: dia sebagai Ketua Dewan Pakar, saya sebagai Sekretaris Umum, dan nasib kitapun sama karena kita berdua sama-sama dianggap pengurus yang "bermasalah". Bedanya hanya satu: Amien Rais menyatakan mundur, dan saya sebagai Sekum harus memproses keanggotaan saya, yang sampai sekarang belum saya lakukan. Jadi nasib kita sama, pengurus yang bermasalah.

Mengenai Nurcholish Madjid, saya menghormati beliau sebagai orang pintar. Saya, sebagai orang teknik yang sederhana, sering naik bis ke mesjid Al-Azhar untuk mencari Cak Nur dan bertanya tentang perkara-perkara yang orang teknik tidak terlalu paham. Dan saya melihat antara Cak Nur dengan Mbah Roem ada persamaan dari segi kemuliaan budi, dari keluasan pandangan dan dari pergaulan (bedanya hanya satu: Cak Nur tidak belajar naik kuda).

Dan akhirnya, izinkanlah saya menyatakan bahwa sebenarnya antara Amien Rais dengan Cak Nur itu banyak persamaannya. Mereka sama-sama anggota alumni Universitas Chicago. Cuma perbedaannya yang fundamental adalah: Cak Nur itu orang Jawa Timur, tapi gayanya Solo, sedangkan Amien Rais orang Solo, tapi gayanya Jawa Timur.

Dan akhirnya kepada sahabat saya, saudara Agus Edy Santoso. Agus ini adalah orang yang terkenal ngotot dan tanpa dia buku ini tidak mungkin ada. Dia seorang aktivis LSM sejati luar dalam, suami-istri kerjanya kalau tidak demonstrasi, *nge-lobi*. Saya bangga mempunyai teman seperti saudara Agus Edy Santoso, dan saya mengucapkan terima kasih atas kehormatan yang diberikan kepada keluarga kami untuk membuka acara ini. Terima kasih yang sedalam-dalamnya saya ucapkan kepada pemimpin Penerbit Djambatan, dan kepada semua penyelenggara termasuk majalah *Panji Masyarakat* dan lain-lainnya yang menjadi tuan rumah malam ini, dan juga kepada Pak Husein, tuan rumah dan direktur Rajawali Nusantara Indonesia (RNI).

Wassalamu'alaikum wr. wb.

Pembawa Acara
Terima kasih kepada Bapak Adi Sasono. Selanjutnya acara peluncuran buku *Tidak Ada Negara Islam: Surat-surat Politik Nurcholish Madjid dan Mohammad Roem*. Peluncuran buku ini akan ditandai dengan penyerahan buku secara simbolis dari Penerbit Djambatan, yang dalam hal ini akan diwakili oleh Bapak Syarifuddin Syamsudin, kepada keluarga Mohammad Roem yang akan diwakili oleh Bapak Adi Sasono. Kemudian kepada Bapak Nurcholish Madjid dan kepada tiga tokoh masyarakat yaitu Bapak Ali Sadikin, Bapak 'Imaduddin Abdurrahim dan kepada Bapak Hamid al-Gadri. (Acara peluncuran buku dilakukan)

Pembawa Acara

Acara penyerahan buku telah selesai dan terimakasih atas kesediaan bapak-bapak sekalian untuk maju ke podium. Selanjutnya kita akan memasuki acara puncak pada malam ini, yaitu diskusi bedah buku *Tidak Ada Negara Islam: Surat-surat Politik antara Nurcholish Madjid dengan Mohammad Roem.* Pada diskusi ini yang akan menjadi pembicara adalah Dr. Nurcholish Madjid, Dr. Muhammad Amien Rais dan Dr. Yusril Ihza Mahendra, dan yang bertindak sebagai moderator pada malam ini adalah Bapak Ekky Syahruddin. Kepada Bapak Ekky Syahruddin, saya persilahkan untuk memulai acara ini. Terima kasih.

Ekky Syahruddin (moderator)

Bapak-bapak dan ibu-ibu sekalian, kita sangat berbahagia pada malam hari ini, karena acara ini disaksikan oleh antar generasi. Kita menyaksikan di sini bahwa walaupun Pak Natsir tidak hadir, dari keluarga Pak Natsir hadir Ibu Saleh Widodo.

Bapak-bapak dan ibu-ibu sekalian, juga di sini hadir Bapak Hamid al-Gadri dan ibu. Pada zaman Kabinet Parlementer dulu, beliau adalah ketua fraksi dari PSI, yang tadi disebut oleh Pak Adi Sasono tidak menerima dianggap terpengaruh oleh Pak Natsir hanya karena beliau orang Padang. Saya baca dalam risalah parlemen bahwa Masyumi dan PSI pernah berbeda pendapat dalam soal apakah pada bulan puasa orang boleh libur atau tidak? Saya terus terang heran karena Masyumi yang orang-orangnya dianggap tidak modern, berpendapat bahwa pada bulan puasa tidak usah libur, sementara PSI yang katanya modern berpendapat pada bulan puasa sebaiknya libur saja. Jadi PSI lebih Islami ketimbang Masyumi, dan inilah salah seorang saksi hidupnya, Pak Hamid al-Gadri.

Saudara-saudara, di sini kita akan berbicara mengenai ada-tidaknya konsep negara Islam itu di dalam Al-Qur'an dan As-Sunnah. Kalau memang tidak ada, mengapa kita dulu sampai heboh mau membentuk negara Islam? Dan mengapa perlu sekali adanya penjembatanan di sini? Soalnya, kalau tidak ada, artinya selama ini hanya "diada-adakan". Tetapi, kalau memang benar diada-adakan, kenapa kok pengikutnya banyak sekali? Dan kenapa kita enak saja boleh membicarakan hal-hal demikian, dan kemudian ramai-ramai menyesal sesudahnya? Nah, barangkali hal ini perlu kita selesaikan malam ini.

Siapa pelopor yang menyatakan tidak ada negara Islam itu? Kan ada Amien Rais, jadi dia sangat berjasa bagi negara Pancasila, walaupun Cak Nur tidak percaya ini. Komentar Cak Nur, "Apa *Panji Masyarakat* itu tidak salah kutip? Saya tahu kok Amien Rais." Tapi setelah ditunggu-tunggu ternyata Amien Rais tidak meralat. Artinya benar bahwa dia mengatakan tidak ada negara Islam itu. Jadi saudara-saudara, ketika kemudian Pak Roem mengatakan tidak ada negara Islam, perlu ditilik apakah itu terjadi sebelum atau setelah Konstituante. Apakah pada waktu Konstituante dia mengatakan begitu juga? Soalnya seseorang bisa saja mengatakan begitu setelah idenya kalah, kan?

Tapi di sini kita tidak bicara soal kalah atau menang, kita mau bicara kebenaran. Namun, memang kemudian kita kaget bahwa ternyata bukan Nurcholish Madjid yang memelopori soal bukan negara Islam tersebut, tetapi ternyata Amien Rais. Sekali lagi, itu karena Amien Rais aman ngomong apa saja di Indonesia, karena, ibarat ekonomi, beliau itu memberikan fundamental yang kuat. Fundamental politik akan lemah kalau bukan karena

Pancasila, kan? Jadi fundamental politik kuat akibat, antara lain, anjuran Amien Rais.

Kemudian, saudara-saudara, kita perhatikan sosok Cak Nur di sini. Apakah beliau dulu dalam perkembangan intelektualnya juga menganggap konsep negara Islam itu tidak ada? Kalau tidak ada, mengapa ketinggalan oleh Amien Rais? Tapi saya lihat dari catatan, bahwa kelihatannya bukan demikian masalahnya, karena sebagai orang HMI, saya rasa duluan Cak Nur daripada Amien Rais, karena, seperti kata Utomo (*Utomo Danandjaya - red*), kan duluan pertemuan di Menteng Raya.

Nah, okelah, mari kita lihat pendirian Cak Nur sampai tuntas, *"Islam yes, Parpol Islam no"*. Jadi Cak Nur itu malah tidak sama sekali memberikan sisa, bahkan tidak untuk parpolnya. Dengan kata lain, "Bukan saja kaum Islamnya, parpolnyapun *no way!*" Kan begitu Cak Nur, dahsyat sekali! Sementara, Pak Roem bilang, *"Islam no, Parpol Islam why not?"* Begitu. Jadi ini merupakan masalah *nuansa*. Namun, bagaimanapun juga, barangkali kalau kita bicara soal ekonomi, hal ini bukan fundamentalnya, sebab fundamental kita itu sebetulnya tidak berubah. Semua orang menganggapnya bagus, hanya sekarang tiba-tiba menjadi jelek. Jadi fundamental politik juga dipengaruhi oleh tingkah lakunya. Saya rasa, di sini Amien Rais mau menanyakan apakah sebetulnya kalangan Islam itu berperilaku Islami atau tidak?

Nah, sekarang hal ini *syukur Alhamdullilah* telah direkam di dalam buku ini. Dan inilah hebatnya: kalau orang besar surat-menyuratnya saja laku, kalau orang biasa, walau sudah lama menulis artikel, belum tentu bisa masuk koran. Inilah bedanya orang biasa dengan orang pintar.

Sekarang kita persilahkan Cak Nur untuk menanggapi

secara pribadi. Cak Nur, dalam 15 menit mendatang, bisa dibayangkan tidak alam pikiran Mohammad Roem dan mengapa ada surat-menyurat di antara anda? Dan, saudara-saudara, perlu disimak bahwa hanya beberapa gelintir orang sajalah yang menerima *copy* surat Cak Nur itu. Sayapun tidak masuk dalam lingkaran itu, walaupun baru kemarin saya mulai dilibatkan. Mengapa? Karena untuk menjadi anggota lingkaran Cak Nur syaratnya luar biasa. Lingkaran ini patut disebut *imperial circle*. Saya *alhamdulillah* bisa masuk ke dalam *circle* Cak Nur pada tahap terakhir. Dulu saya belum memenuhi syarat.

Cak Nur, coba ceritakan dinamika surat-menyurat anda dengan Pak Roem, dan manfaat yang anda harapkan darinya. Silahkan.

Nurcholish Madjid

Assalamu'alaikum wr. wb.,

Barangkali saudara-saudara melihat bahwa saya merasa agak *nervous* (gugup - red) bicara seperti ini, karena meskipun saya hanya numpang, tetapi saya tetap menjadi salah satu pusat perhatian di sini. Saya tahu bahwa saya numpang Mas Amien, numpang Pak Roem, numpang Mas Adi Sasono. Tapi saya dengan senang hati menerima kehormatan ini. Terima kasih.

Saudara-saudara sekalian, untuk diketahui, ulang tahun Masyumi itu adalah tanggal 7 November, berdasarkan hasil dari Kongres Umat Islam di Yogyakarta untuk menindak-lanjuti revolusi atau proklamasi, yang memakan tempat beberapa bulan sebelumnya, yaitu tanggal 17 Agustus. Kongres Umat Islam seluruh Indonesia di Yogyakarta itu kemudian menghasilkan keputusan untuk mendirikan partai politik bernama Masyumi, yaitu singkatan dari Majlis

Syuro Muslimin Indonesia. Suatu nama yang sebetulnya sudah ada sebelumnya sebagai kesatuan antara NU dan Muhammadiyah, tetapi kemudian diluruskan sebagai partai politik.

Saudara-saudara sekalian, barangkali saudara-saudara bisa membaca antara garis-garis. Saya akui saya memang agak *obsessed* dalam surat-menyurat ini, apalagi yang berkenaan dengan persoalan yang kini sedang dibahas. Terus terang saja, memang suatu kebetulan yang sangat luar biasa bahwa topik tersebut juga dimulai oleh teman saya, Mas Amien Rais, yang sama-sama belajar *political science* di Chicago. Oleh karena itu, kita mempunyai banyak buku yang sama termasuk karya Leonard Binder, seorang Yahudi *tengik* yang pada waktu itu adalah anggota muda Ergun. Ergun itu adalah sebuah organisasi pemuda Israel atau Yahudi yang menteror orang-orang Palestina supaya pergi dari Palestina yang mau dijadikan negara Israel itu. Tetapi nampaknya mereka kemudian tiba-tiba tobat, lalu mempelajari Islam, mempelajari bahasa Arab, mempelajari bahasa Persi dan Urdu, dan kemudian banyak sekali menulis mengenai Islam, walau kadang-kadang dengan nada apologetik. Ini maksudnya dengan nada bahwa mereka bukan sebagai pembela Israel.

Tapi, di antara sekian banyak kelas yang disajikan oleh Leonard Binder ada satu yang menarik, yaitu Perbandingan Politik Timur Tengah, di mana dengan sendirinya Islam terbawa-bawa. Dan dari situlah kita bisa terlibat dalam diskusi-diskusi yang kadang-kadang cukup sengit dengan profesor ini, termasuk yang berkenaan dengan masalah apa yang disebut dengan Daulah Islamiyah? Beliau melansir bahwa *daulah* itu memang sebuah kata Arab, tetapi yang menggunakannya pertama kali dalam pengertian negara itu sebetulnya adalah orang Persi, yang menyangkutkannya dengan kosmologi Arya bahwa penguasa itu selalu mempunyai hubungan yang spesial dengan dewa. Inilah yang disebut faham *Diwaraj* – yaitu bahwa setiap manusia itu mempunyai hubungan khusus dengan dewa, yang karena itu posisinya selalu di atas. Ini bersangkutan dengan pokok kosmologi lain yaitu roda nasib.

Sebetulnya, arti *daulah* dalam bahasa Arab asli ialah "giliran", sehingga yang berkuasa itu disebut orang-orang yang sedang "mendapat giliran". Daulah Umawiyah artinya giliran Bani Umayah, Daulah Abbasiyah-pun begitu, Daulah Utsmaniyah-pun begitu. Masa sekarang ini barangkali bisa disebut "Daulah Suhartowiyah", atau giliran Suharto. Jadi, arti *daulah* itu tidak persis seperti apa yang ditulis Mas Amien dalam makalahnya, dan juga tidak ada di dalam hadîts maupun Al-Qur'an. Yang ada dalam Al-Qur'an itu dikaitkan, dalam bahasa sekarang, dengan masalah kewajiban untuk meratakan pembagian kekayaan nasional. Di antara semua anggota masyarakat: *Kallāyakūnu dawlat-u bayna ahyamikum*. Karena itulah ketika saya membaca artikel Mas Amien Rais yang sebetulnya merupakan hasil wawancara, saya sebetulnya tidak terlalu terkejut. Akan tetapi yang menarik bagi saya adalah penyorotan terhadap suatu *statement* khusus mengenai tidak adanya negara Islam.

Kemudian saya tunggu-tunggu apakah ada reaksi, dan ternyata ada, walaupun seperti yang dalam surat telah saya katakan, saya sudah mau menulis artikel untuk dikirim kepada *Panji Masyarakat* yang intinya adalah dukungan bagi Mas Amien Rais. Tetapi, mungkin sekali bahwa Mas Amien Rais tidak memasukkan pilihan kata yang *subtle* atau yang tidak terlalu langsung. Akan tetapi harus diperjelas di sini bahwa yang dimaksud dengan "tidak ada negara Islam" itu adalah dalam arti formal. Aspek konsekuensi dari sebutan "Negara Islam" itu, karena mencakup agama, apalagi karena agama itu Islam, menuntut orang untuk menerapkannya dalam kehidupan nyata. Dan tuntutan itu bisa saja mencakup perwujudan sebuah negara.

Itu saya kira harus jelas, karena banyak yang mengira bahwa tatkala kita mengatakan tidak ada negara Islam, itu suatu bentuk penafian total. Maka dari itu, dari artikel Mas Amien Rais yang ditanggapi oleh Pak Roem dan kemudian saya perkuat dalam berbagai surat saya, yang teramat penting ialah yang tadi dikatakan oleh Mas Adi Sasono, yaitu etika dan moral politik.

Kebetulan Masyumi telah tampil sebagai salah satu kelompok di Indonesia yang paling baik dalam soal itu. Yang paling sentral dalam soal moral dan etika politik adalah suatu penampilan diri dalam politik yang menghasilkan idiom-idiom terpelajar dan orang-orang yang berkarakter dan yang berpendidikan. Dari segi prinsip, orang-orang seperti itulah yang sebetulnya hendak diungkapkan melalui surat-menyurat dengan Pak Roem itu.

Saudara-saudara sekalian, memang dalam surat-surat tersebut, sudah saya akui adanya hal-hal psikologis yang menyebabkan saya sekarang merasa cukup aman untuk mengatakan bahwa saya itu dibesarkan sebagai anak Masyumi, atau orang intern Masyumi. Oleh karena terjadinya pertengkaran-pertengkaran di keluarga mengenai partai ini, di situ saya sebut bagaimana ibu saya begitu prihatin karena mendapat berita bahwa saya bertengkar dengan Pak Natsir. Beliau begitu khawatir sehingga tiap malam sembahyang untuk mendoakan saya.

Saya berangkat ke Jakarta pada tahun 60-an, dengan

berbekal surat keterangan dari paman saya bernama Sonhaji, seorang tokoh Masyumi dari Jombang Selatan, bahwa saya itu kader Masyumi di Jakarta. Tapi pada waktu itu begitu berbahaya memiliki surat itu. Akhirnya surat itu hilang, entah disimpan di mana. Tapi kalau anda mau lihat simbol-simbol Masyumi, boleh datang ke rumah saya, karena masih saya simpan. Jadi, saudara-saudara, memang ada semacam obsesi dari pihak saya, dan obsesi ini terusik oleh diskusi-diskusi yang berpotensi ilmiah yang antara lain termuat di dalam disertasi Robert Myers, yang bernada *don't criticize* (jangan mengritik).

Ini semua tidak lepas dari peran Masyumi yang mengatakan bahwa Pak Natsir itu berada di bawah pengaruh Syahrir dan sebagainya. Karena saya memang agak emosional- sentimental, saya tidak terima hal tersebut dalam alam bawah sadar saya, walaupun saya tetap ingin mencari buktinya. Nah, itulah sebetulnya dorongan untuk surat-menyurat dengan Pak Roem itu.

Saudara-saudara sekalian, setelah 14 tahun surat-menyurat tersebut berlangsung, *alhamdullillah* sekarang telah diterbitkan. Hal ini merupakan jasa cucu Pak Roem sendiri, yaitu Mas Adi Sasono, yang tadi sudah tampil. Oleh karena itu saya haturkan penghargaan yang setinggi-tingginya kepada beliau dan juga kepada Mas Dahlan Ranuwihardjo. Karena beliau-beliau inilah yang menjamin, bahwa *Insya Allah* Pak Roem dalam hidupnya di alam baka sekarang ini merelakan bahwa surat-suratnya itu diterbitkan.

Semula, ketika surat-menyurat itu masih berlangsung, sudah terpikir oleh Mas Adi Sasono untuk menerbitkannya. Tetapi, setelah dikonsultasikan kepada Pak Roem, mula-mula Pak Roem menyetujui tapi kemudian tidak. Dan kemudian, seperti dikatakan tadi, beliau meninggal hanya beberapa hari setelah surat saya yang terakhir. Sehingga saya sempat menganggap itu sebagai wasiat belaka, tidak untuk diterbitkan sekarang atau kapanpun juga. Maka, ketika saudara Agus mendesak-desak terus, saya katakan kepadanya, "Saya tidak berani, saudara Agus, anda harus minta izin dulu kepada keluarga Pak Roem". Saya selalu mengatakan begitu, dan sikap itu terus-menerus saya pertahankan selama 14 tahun. Baru sekarang surat-surat tersebut diterbitkan, dan mudah-mudahan *timing*-nya-pun tepat yaitu 7 November, ulang tahun Masyumi.

Nah, saudara-saudara sekalian, Masyumi memang bubar, atau lebih tepatnya – secara "legal-formal" menurut istilah-nya Pak Prawoto – "Masyumi membubarkan diri." Maka-nya tidak ada masalah ilegalitas di situ. Masyumi membubar-kan diri karena segala usaha untuk merehabilitasi diri tidak berhasil. Akan tetapi, saya kira Masyumi sebagai suatu ungkapan visi atau pandangan etis dan moral politik itu masih hidup sampai sekarang, dan saya kira masih sangat relevan untuk Indonesia sekarang. Ditambah dengan kenyataan bahwa bangsa adalah kita bangsa Muslim yang terbesar di muka bumi, mudah-mudahan malam ini merupakan suatu awal yang baik untuk mengkaji-ulang apa yang telah diperbuat oleh Masyumi dan mempelajari kembali dasar etika dan moral politik tersebut. Perlu diingat, pada Pemilu tahun 1955, dari empat partai yang tampil – yaitu PNI, Masyumi, NU dan PKI – Masyumi adalah partai yang paling "Indonesia", atau yang paling tidak meliputi seluruh daerah Indonesia dari Sabang sampai Merauke.

Simak nama-nama ini: Bapak Kasman Singodimedjo, Yusuf Wibisono, Sigiman, Wiryo Sanjoyo dan Syafruddin

Prawir*onegoro* (karena beliau itu orang Jawa, kan mustinya jadi Prawironegoro. Tapi beliau barangkali sudah terkena pengaruh Sunda, jadi Jawanya adalah Jawa bagian Barat). Tapi apalah artinya ini semua?

Bapak-bapak dan ibu-ibu, terutama teman-teman yang lebih muda, merupakan suatu hal yang menarik bahwa sebetulnya dari segi sosiologi, nama mereka itu tidak ada yang berasal dari kalangan santri. Kalau santri itu namanya ialah Abdurrahman Wahid, Muhammad Amien Rais, dan Bang Ekky ini. Ekky-nya mungkin sedikit kebarat-baratan tapi Syahruddin itu benar-benar Banten asli. Artinya, nama-nama itu tidak dikenal di kalangan pesantren.

Ini menarik sekali dan sebetulnya bisa dikembalikan kepada peran K.H. Agus Salim, ketika beliau masih *ngemong* mahasiswa-mahasiswa BHS, PHS dan THS yang menjadi anggota Jong Java, tapi kemudian kecewa dengan Jong Java. Mereka ini lalu mengadu kepada K.H. Agus Salim, yang penyampaiannya dilakukan oleh seorang bangsawan Solo yang tinggi sekali tingkat kebangsawanannya. Namanya santri Syamsul Rizal atau Raden Syamsul Rizal.

Melalui Syamsul Rizal inilah kemudian dibentuk JIB (*Jong Islamieten Bond*) yang ketuanya ialah Yusuf Wibisono. Kemudian mereka mengaji dan tidak diterima oleh K.H. Agus Salim, karena saking sangat terpelajarnya, mereka mengaji dalam bahasa Belanda. Buku-buku yang dipilihpun ialah buku-buku Islam dalam bahasa Barat, yang dalam hal ini adalah bahasa Belanda, yang pada waktu itu tidak ada yang lain kecuali terbitan Ahmadiyah. Maka dari itu banyak sekali orang yang memakai buku-buku Ahmadiyah tanpa menjadi anggota Ahmadiyah. Nama majalahnya pun dalam bahasa Belanda. Nah, tanya saja

Amien Rais. Ia tahu bahasa Belanda, karena ibunya berbahasa Belanda.

Kembali ke pokok permasalahan, artinya ada suatu *disjunction* yang kemudian dihubungkan kembali oleh K.H. Agus Salim. Ini sangat teramat dihayati oleh Mohammad Roem, karena Pak Roem itu dekat sekali dengan Agus Salim, yang selalu disebutnya seorang Marxis. Nah, inilah kiranya sebuah hal yang menarik sekali untuk dipelajari latar belakangnya.

Kebetulan saudara Yusril mengkaji hal ini secara ilmiah dalam disertasi Doktornya. Oleh karena itu kita bisa mendengar lebih banyak dari beliau berkenaan dengan masalah Masyumi dan *corporate thinking*-nya tersebut.

Sekali lagi saya ucapkan terima kasih, terutama kepada Mas Adi Sasono yang telah membuat semuanya ini menjadi mungkin. Demikian juga kepada penerbit, panitia serta sponsor yang membuat pertemuan malam ini bisa berlangsung.

Terima kasih dan *wassalam*.

Ekky Syahruddin

Terima kasih, Cak Nur. Barangkali Mas Amien Rais perlu menjelaskan apakah pikiran-pikiran Mr. Mohammad Roem yang mengatakan tidak ada negara Islam itu adalah suatu pendapat yang umum, eksklusif atau minoritas di dalam tubuh Masyumi.

Yang kedua, kalau memang tadi Cak Nur memuji-muji Masyumi, apakah itu berarti Masyumi menganggap negara Islam itu ada sedangkan Cak Nur menganggapnya tidak ada? Jadi karena kita sekarang sedang bicara *intellectual discourse*, tolonglah jelaskan yang satu ini. Kita ini sekarang sedang berusaha menjelaskan kenapa negara Islam itu tidak ada. Bukankah ini berarti umat Islam pernah mau begitu, dan masa itu tidak ada bekasnya sampai sekarang? Apakah dengan dikatakan "tidak ada negara Islam", bekasnya otomatis akan hilang begitu saja? Apakah itu tidak berarti penghujatan terhadap faham yang mengatakan Islam itu pernah ada sebagai negara dan secara faktual pernah diperjuangkan?

Nah, apakah ini lalu tidak menimbulkan distorsi historis? Apa dengan begini Cak Nur mau menghilangkan distorsi itu – bukan saja distorsi antara Islam yang bukan formal negara dengan Islam yang *ashlah,* seperti yang anda katakan tadi – tapi juga antara keduanya dengan negara yang sekarang sedang eksis?

Jadi, saudara-saudara, di depan kita ini duduklah manusia-manusia ajaib. Ketiga-tiganya sama-sama merupakan "Natsir-Natsir Muda". Dari dulu saya dengar Amien Rais adalah Natsir Muda, Nurcholish Madjid adalah Natsir Muda, dan apalagi Yusril Ihza Mahendra, yang karena lebih muda, adalah Natsir Muda juga. Sementara saya yang setiap hari ke rumahnya malah tidak disebut-sebut. Ini mungkin karena tujuannya lain.

Sekarang, Mas Amien Rais, coba jelaskan sedikit.

Muhammad Amien Rais

Assalamu'alaikum wr. wb., al-hamdulillāhi rabbil-'ālam'īn wa shalātu wa salāmu 'alā ashrāfilmursalīn wa 'alā ālihi wa shahbihi ajmaīn.

Karena waktunya pendek, saya akan bicara singkat supaya nanti Mas Yusril juga bisa bicara. Tesisnya tentang Masyumi, jadi saya kira penguasaannya tentang *alif-ba-ta*-nya Masyumi cukup plus.

Ketika saya mengatakan dengan tegas "Tidak Ada Negara Islam", dalam konteks sebuah wawancara yang dibuat seperti makalah oleh Muchtar Effendy Harahap, salah seorang tokoh muda di Yogyakarta, kata-kata saya tentu terukur dan tidak asal bicara. Barangkali itu merupakan suatu *statement* yang penting setelah saya, katakanlah, melakukan pengembaraan intelektual pada masa "Noroyono" itu. Artinya saya sekarang sudah "Kresno".

Dulu, waktu saya masih muda, sebelum kembali ke Chicago, saya bertemu dengan Pak Syafi'i Ma'arif dan kemudian Cak Nur. Kemudian kita bertiga menghabiskan ratusan jam di cafetaria, di perpustakaan, di rumah saya dan di apartemen Cak Nur. Kami ngomong macam-macam, dan karena saya pernah tinggal di Mesir selama setahun, saya juga pernah bertemu dengan tokoh-tokoh *al-Ikhwan al-Muslimin,* dan sering pergi ke markas besarnya. Saya sering wawancara dengan *al-Mursid al 'ām*, yang pemimpin tertingginya bernama Umar bil Mitsani, yang sekarang sudah almarhum. Saya juga bertemu dengan Mustafa Masyhur, Yussuf Jamal, Abbas Asysi dan lain-lain. Di samping itu, saya juga *alhamdulillah* sempat mempelajari Jama'atul Islami yaitu dasar Masyumi itu sendiri.

Dan dalam, katakanlah, pengembaraan intelektual saya itu, lima belas tahun yang lalu saya membuat *statement* yang oleh Cak Nur ditanggapi. Kemudian Mbah Roem menanggapi secara lebih mendetail lagi. Dan saya kemukakan di sini bahwa sampai sekarang saya belum bergeming dari pendapat saya itu. Malah pada kesempatan ini, saya akan tambahkan sedikit dengan argumen-argumen yang mungkin lebih meyakinkan.

Jadi, dalam wawancara tersebut, saya menegaskan bahwa konsep negara Islam, *Islamic State* atau *Daulah al-*

slamiyah tidak ada di dalam Al-Qur'an maupun As-Sunnah. Tidak ada perintah dalam Islam untuk menegaskan negara slam. Selaras dengan ini, agama tidak memberikan bentuk ertentu yang baku dan formal untuk negara, apalagi bentuk ertentu negara Islam yang dianggap memiliki sangsi dan egitimasi keagamaan. Hanya saya sedikit ingin mengatakan di sini bahwa kata-kata saya tentunya ada bedanya dengan apa yang ada di dalam Al-Qur'an, karena di situlah tertera esensi negara Islam seperti yang didiskusikan oleh banyak tokoh-tokoh kita. Ini memang nampaknya tidak ada petunjuk-petunjuknya. Jadi lain dengan ketika saya dengan teman-teman mesti membuat tobat nasional. Saya mengatakan kalau suatu soal tidak ada di dalam Al-Qur'an, kan sah-sah saja kalau dilakukan. Tahlilan nasional, misalnya, memperingati siapa? Lihat saja ibu kita itu (*Ibu Tien Suharto – red*). Jadi itu kan sebenarnya boleh.

Tetapi, masalah nilai-nilai, substansi sampai format negara Islam itu memang tidak diindikasikan di dalam Al-Qur'an maupun As-Sunnah. Nah, pernyataan di atas beserta alasan-alasan yang melatar-belakanginya masih tetap relevan dikemukakan dalam kesempatan ini.

Lima belas tahun setelah wawancara di atas, pendapat saya masih belum berubah. Malah pada kesempatan ini dapat dikemukakan beberapa alasan lain di balik pendapat yang ketika itu sempat mengundang perdebatan hangat. Jadi, pertama-tama, menurut Cak Nur, istilah bahasa Arab untuk negara sebagai identitas politik yang dikenal dalam era modern adalah daulah. Memang hal ini sama sekali tidak ada di dalam Al-Qur'an maupun Sunnah Rasulullah saw.

Secara etimologis, kata *daulah* berarti pergantian, perpindahan dan pergiliran. Di dalam Al-Qur'an, surat al-

Hasr ayat 7 ada kata *dūlahu,* yaitu bagian ayat yang mengatakan harta kekayaan jangan hanya beredar di kalangan orang-orang kaya saja, *Kay lā yakūna dūlatan baynal-aghniyāi minkum.* Kemudian dalam surat al-Imrân ayat 140 ada kata *nudāwiluhā* (*wa tilkal-ayāmu nudāwiluhā bayna annās*), yaitu ketika Allah berfirman bahwa pada masa kejayaan dan kehancuran itu Kami pergilirkan atau *nudāwil* di antara manusia. Jadi di dalam surat Al-Qur'an, tidak ada kekuasaan yang langgeng, pasti cepat atau lambat akan ganti. Mengapa saudara-saudara bertepuk tangan dan ketawa riuh, saya tidak paham.

Walaupun kata-kata ini memiliki akar kata yang sama dengan kata daulah yaitu *wau, dal* dan *lam*, pengertian negara sama sekali tidak terkandung. Kemudian argumen saya berikutnya adalah demikian: di dalam sejarah Islam klasik, kata daulah pernah digunakan pada peristiwa naiknya Dinasti Abbasiyah ke tampuk kekuasaan. Sebutannya adalah Daulah Abbasiyah, yang maksudnya tidak lain adalah giliran keluarga Abbasiyah atau berpindahnya kekuasaan ke tangan keluarga Abbasiyah dari Muawiyah.

Seiring dengan perjalanan waktu, istilah *daulah* berarti kekuasaan, dinasti atau rezim. Walau demikian, *daulah* dalam arti negara adalah produk zaman modern sejarah Islam, khususnya setelah kesultanan Utsmani bubar dan dunia Islam menjadi negara-negara dan bangsa-bangsa yang berdaulat dan merdeka. Berikutnya, ada kalangan yang menggunakan ayat-ayat Al-Qur'an sebagai dalil wajib penegakan negara Islam. Misalnya disebutkan bahwa rangkaian ayat dalam surat al-Maidah ayat 44, 45, dan 47 berisi perintah membentuk negara Islam, yaitu dalam tiga untaian ayat: *Waman lam yahkum bimā anzalallāhu faūlāika humul-kafirūn, faūlāika humul-zhālimūn, faūlāika humul-fāsiqūn.*

Itulah yang oleh sementara ulama dianggap perintah untuk mendirikan negara Islam, walau argumentasi semacam ini lebih tepat dipandang sebagai terlalu keras, atau bahkan sebagai pemutar-balikan makna yang terlalu mengabaikan konteks.

Rangkaian ayat ini sesungguhnya berkisah tentang arbitrase yang dilakukan Nabi terhadap kalangan ahli kitab Yahudi dan Nasrani. Ayat-ayat yang menggunakan kata *yahukum* dan bentuk-bentuk turunan dari *ha-kaf-mim*, merujuk kepada persoalan menetapkan keputusan hukum atau memutuskan perkara. Sayangnya, melalui semacam penafsiran akrobatik, ayat-ayat ini ditanggalkan dari konteksnya dan dijadikan landasan bahwa Al-Qur'an mewajibkan pembentukan negara Islam.

Kemudian, saya yakin sekali bahwa urusan-urusan kenegaraan dan pemerintahan sebenarnya bersifat *ijtihadi* dan dilatar-belakangi oleh perkembangan masyarakat. Maksudnya, asas pembentukan negara dan pelaksanaannya adalah suatu keharusan yang bersumber dari kehidupan sosial, bukan dari perintah Ilahi atau kewajiban agama. Kalau memang pembentukan negara Islam merupakan kewajiban agama, tentu ada nash ayat Al-Qur'an yang jelas, tegas dan langsung.

Kemudian, argumen saya yang berikutnya adalah selain tidak didasarkan pada argumentasi yang kuat, pendapat yang mengatakan bahwa ada bentuk tertentu negara Islam yang wajib ditegakkan umat Islam juga memiliki dampak negatif. Citra Islam yang ditampilkan menjadi kurang toleran, bermusuhan, tidak dapat bekerja sama dengan kekuatan politik lain, dan tidak dapat hidup berdampingan secara damai dengan unsur-unsur masyarakat lainnya. Citra negatif semacam ini sebenarnya merupakan produk orientalisme, akan tetapi sayang sekali bahwa pendapat yan mengatakan bahwa negara Islam itu ada secara tidak sengaj membenarkan dan mendukung citra buatan orientalism tersebut. Tentu saja kalau saya mengatakan tidak ada negar Islam itu tidak berarti Islam tidak memiliki peran apa-ap dalam kehidupan sosial. Pernyataan tidak ada negara Islan sama sekali tidak berarti agama Islam harus dikebiri sehingga perannya hanya terbatas pada kawasan yan sangat sempit, yaitu spiritualitas pribadi yang tidak memilik relevansi sosial. Ini adalah faham fundamentalisme sekule yang ingin supaya agama menyingkir dari kehidupar masyarakat dan penanganan persoalan-persoalan anta umat manusia.

Saya yakin bahwa yang penting bagi kita umat Islam ialah bagaimana menjalankan etos agama, menegakkan keadilan sosial dan menciptakan masyarakat yang egaliter, yaitu suatu masyarakat yang jauh dari eksploitasi manusia atas manusia dan eksploitasi suatu golongan atas golongan lain. Apabila tugas ini terlaksana, berarti kita sudah menjalankan misi agama seperti yang diajarkan oleh Nabi kita yang kita cintai, yaitu menciptakan tatanan sosial yang selaras dengan kode moral dan nilai keagamaan yang dapat menjadi *rahmatan lil-ālamīn*.

Nah, kemudian apakah Pancasila itu bisa kita terima? Kalau saya yang ditanya, saya lebih dari bisa menerimanya, karena waktu saya dulu sering ke tempat Pak Natsir, beliau sering mengatakan, "Amien, Islam itu serba sila".

Jadi, kalau menerima Pancasila itu lebih daripada bisa, malah amat sangat bisa, tidak ada persoalan antara Pancasila dengan agama kita ini, dan tidak ada yang kita tutupi kalau kita memang menerima Pancasila sebagai dasar negara, filosofi negara, dan juga sebagai, katakanlah, pondasi kehidupan kenegaraan dan kebangsaan kita.

Dan, saudara-saudara sekalian, saya memang sesungguhnya ingin bahwa pada akhir abad ke-20 ini kita bisa melakukan *ijtihad* yang seluas-luasnya karena memang nenek moyang kita tidak meninggalkan bayangan riset mengenai politik Islam itu. Teori-teori politik Islam itu sangat miskin di dalam khazanah intelektual Islam. Kalau dalam fiqh, itu memang luar biasa. Saya kira Imam Syafe'i, Ahmad Hanbali, Ahmad Hanafi dan Imam Maliki itu luar biasa kalau sudah bicara *fiqh,* walau terkadang memang bisa *njelimet* sekali. Tetapi ketika kita membuka khazanah Islam mengenai *political theories*, itu memang tidak banyak. Mungkin sedikit di Ibn Khaldun dalam *Muqadimah*-nya. Lantas yang agak terkenal tentu al-Mawardi. Kemudian pada zaman kita ini tidak banyak, paling hanya al-Mawdudi yang sangat normatif serta Muhammad al-Arsyad, yang menurut hemat saya, sedikit lebih bagus daripada al-Mawdudi.

Saya sekarang ingin tanya. Apakah cukup *applicable* apabila di Indonesia, negara Muslim terbesar itu, kita mengembangkan pandangan dengan titik tolak tidak ada negara Islam itu, yang mementingkan penegakan akhlak, moral dan etika Islam dalam kehidupan berbangsa dan bernegara. Di mata Allah, kita dinilai dengan nilai yang sangat tinggi. Mungkin delapan atau sembilan kalau bisa mengisi Pancasila secara betul, yang menurut saya sudah hebat sekali. Karena itulah Pancasila jangan dijadikan formalisme kosong; dikasih penataran P-4 malah makin banyak korupsinya. Saya kira itu sikap hidup yang agak *gendeng* (sinting – red). Dikibar-kibarkan bukan malah makin bagus, karena *before and after* P-4, kenyataannya malah semakin kontras. Masih mending bahwa setelah P-4 itu, kemudian terjadi reduksi korupsi, nepotisme dan kolusi. Tapi kok kenyataannya malah makin parah?

Memang ada yang mengatakan, "Mas Amien, bayangkan, ada P-4 saja masih seperti itu. Bayangkan kalau sama sekali tidak ada." Begitulah logikanya. Itu saya kira debat kusir juga, artinya tetap tidak mau mengalah.

Saya kira untuk sementara sekian dulu, terima kasih.

Ekky Syahruddin

Jadi, saudara-saudara, dari kedua orang tadi makin jelas bahwa istilah *daulah* itu artinya giliran. Bagus tidak istilah itu kita pakai? Karena kalau istilah itu dipakai, satu daulah itu makan berapa puluh tahun, Cak Nur? Daulah Abbasiyah dan Utsmaniyah itu saja berapa tahun lamanya - 100 tahun? Coba bayangkan, kalau pakai daulah itu 100 tahun. Jadi mendingan jangan pakai daulah deh! Sebab kalau pakai *daulah* jadi sakral namanya itu.

Saudara-saudara, memang telah saya katakan tadi bahwa kita tidak untuk bergembira ria di sini. Kita mau mendalami. Sebetulnya, katakanlah partai-partai kita dahulu itu kan tidak semata-mata etis, dan hanya mau formal. Itu fakta, ya toh? Cuma itulah dorongannya. Tapi apakah betul mereka salah mengaji, atau salah mengaji cara Ahmadiyah, maka jadinya begitu? Tapi apa betul demikian? Sebab NU pun, yang bukan Ahmadiyah dan yang anti Muhammadiyah, dulu sama juga begitu.

Jadi ini sebetulnya perlu kita lihat secara *letterlijk*, mengapa ada pergeseran dan ketidak-pengakuan itu? Tapi tuan-tuan yang muda ini kan menghargainya? Jadi saya bingung, kenapa kalian di satu sisi merangkul dan menghormatinya tapi di sisi lain menafikan pikirannya? Ini bagaimanapun juga kan perlu dijembatani. Jadi barangkali yang ahli A-B-C-D-nya Masyumi, saudara Yusril Ihza Mahendra, bisa menjelaskan ini.

Pergeseran pikiran itu sudah diperdebatkan oleh Mas Dahlan Ranuwihardjo pada tahun 1952 di aula Universitas Indonesia. Bagi beliau, Indonesia adalah negara nasional dan bukan negara agama, dan waktu itu Dahlan berbicara sebagai ketua umum PB HMI. Tapi, saudara-saudara, bagaimanapun juga toh kita memang sudah memilih Pancasila, yang sekarang sudah jadi milik kita bersama. Cuma, malam ini bukan itu yang ingin kita bicarakan. Kita ingin bicara mengenai proses intelektualisasinya, sehingga makin memantapkan diskursus ini, seraya tetap menghormati orang-orang tua dan para sesepuh kita. Silahkan, Pak Yusril.

Yusril Ihza Mahendra

Assalamu'alaikum wr. wb.,

Saya berterima kasih, karena saya diajak berbicara pada malam ini. Walaupun saya tidak sempat membaca buku ini, tetapi bukan berarti saya tidak mengikuti surat-menyurat ini, karena pada waktu surat-menyurat itu sedang berlangsung, saya masih sebagai mahasiswa tingkat akhir Fakultas Hukum Universitas Indonesia. Dan Bapak Mohammad Roem pada waktu itu berbaik hati memberikan *copy* surat-menyuratnya itu kepada saya, yang masih saya simpan dengan utuh sampai sekarang. Jadi saya hanya mendasarkan apa yang saya ingat pada tahun 1982 itu. Dan baru tadi saya sebentar mengingat kembali surat-menyurat yang dilakukan dua tokoh besar 15 tahun-an yang lalu itu.

Sebenarnya, memang banyak hal-hal yang perlu dijernihkan sekitar Masyumi, idenya tentang kehidupan bernegara, kiprah politiknya dan kerjasamanya dengan kelompok-kelompok lain di luar dirinya, antara lain PSI. Dari segi waktu, saya kira memang sekarang adalah saat yang paling baik, ketika kita sudah jauh dari saat peristiwa itu terjadi, untuk membicarakan masalah-masalah ini dengan pikiran yang lebih jernih, ketika prasangka-prasangka politik, kebencian ataupun konflik itu sudah mulai berkurang, apalagi sebagian besar tokoh-tokoh yang terlibat pada peristiwa-peristiwa di masa lalu itu telah berpulang ke Rahmatullah.

Sekarang anggota-anggota Masyumi yang masih ada barangkali tinggal Pak Anwar Haryono dan Pak Hasan Basri. Orang-orang PSI tinggal Pak Hamid dan Pak Badyo. Sudah tidak banyak. Dari kita-kita ini, barangkali sayalah yang paling kurang. Hanya apalah namanya yang sesuai, barangkali turunan atau cucu orang Masyumi.

Mudah-mudahan sesepuh-sesepuh kita tersebut bisa lebih jernih melihat persoalan, apalagi ada Pak Yus di sini untuk turut menganalisa soal ini. Jadi ketika saya harus menjawab pertanyaan sekitar soal PDI waktu itu, saya menanyakan mengapa Megawati itu seperti ngamuk-ngamuk begitu, padahal PDI-nya itu telah dibubarkan oleh pemerintah Orde Baru ini. Hanya begitu, kok seperti kalang kabut.

Saya ingat, pada tahun 1960 saya membantu bapak saya menurunkan lambang Masyumi dari depan rumah saya, saat partai baru dibubarkan dengan zhalim oleh Soekarno. Dari segi itu, Soeharto sebenarnya tidak membubarkan PDI. Tapi lucunya, ketika Soekarno membubarkan Masyumi dengan cara yang zhalim, seingat saya pada waktu itu orang Masyumi tidak bikin demonstrasi di mana-mana. Namun mereka memang membawanya ke jalur hukum dan menggugat ke pengadilan, walaupun sampai hari ini gugatan tersebut belum diputuskan oleh pengadilan. Saya waktu itu masih kecil, umur saya sekitar empat atau lima tahun. Saya membawa palu menurunkan lambang Masyumi dari depan rumah saya, karena ayah saya memang ketua cabang Masyumi pada tahun 1960.

Tadi Pak Nurcholish mengatakan bahwa hari ini lebih pantas dibilang hari ulang tahun Masyumi. Sebetulnya hari jadi Masyumi itu persisnya bukan tanggal 7 November, tetapi tanggal 8 November. Kongresnya memang tanggal 7, tetapi baru besoknya Masyumi resmi didirikan. Dan Masyumi-pun sebetulnya bukan singkatan dari *Majlis Syuro Muslimin Indonesia* seperti yang tadi dikatakan Pak Nurcholish Madjid. Pada zaman Jepang memang Masyumi itu adalah bentuk mobilisasi sosial keagamaan pengganti MIAI (Majlis Islam A'la Indonesia), dan pada waktu itu memang namanya Majlis Syuro Muslimin Indonesia.

Kemudian dicari singkatan yang kiranya tidak terlalu aneh didengar oleh orang Jepang, maka disingkatlah namanya sebagai Masyumi. Soalnya, Masyumi itu nama gadis Jepang, jadi Jepang akan senang menengar nama Masyumi.

Tapi ketika pada tanggal 7 dan 8 November diadakan Kongres Umat Islam di Yogya, mereka memikirkan nama yang baik bagi partai ini. Agus Salim sempat mengusulkan nama Partai Rakyat Islam. Yang lainnya menghendaki Partai Politik Islam Indonesia, dan ada juga yang menghendaki Masyumi.

Pada akhirnya, diputuskanlah namanya menjadi Partai Politik Islam Indonesia Masyumi. Jadi, sekali lagi, namanya yang benar adalah Partai Politik Islam Indonesia Masyumi. Dan sejak itu Masyumi hanyalah sebuah nama, dan bukan lagi singkatan dari Majlis Syuro Muslimin Indonesia.

Pada waktu itu juga diputuskan bahwa Masyumi menjadi satu-satunya Partai Islam dan tujuannya adalah menegakkan kedaulatan negara Republik Indonesia dan agama Islam. Yang salah dalam hal ini justeru keponakan Pak Roem yaitu Ahmad Dahlan Ranuwihardjo, yang tulisannya saya sempat bantah pada tahun 1987 di harian Pelita. Pada waktu itu, Pak Dahlan mengatakan Kongres Pembentukan Masyumi bulan November tahun 1945 memutuskan untuk mendirikan negara Islam. Tetapi itu tidak ada dalam risalah persidangan dan laporan detailnya. Hal tersebut sampai sekarang masih dapat dibaca di harian *Kedaulatan Rakyat* terbitan Semarang edisi 8 dan 9 November 1945.

Baiklah sekarang kita fokuskan pembicaraan kepada istilah negara Islam tadi itu. Saya kira Pak Roem benar ketika beliau mengatakan bahwa dalam Anggaran Dasar dan Anggaran Rumah Tangga (AD/ART) Masyumi, kata-kata "Negara Islam" tidak ada. Itu juga menunjukkan bahwa Pak Roem juga seorang *jurist* yang berpikir secara formalis. Untuk mengerti ideologi sebuah partai memang tidak cukup hanya membaca AD/ART-nya saja, tapi kita juga harus memperhatikan *statement-statement* politik yang dibuat oleh partai tersebut, dokumen-dokumen partai yang tersedia, termasuk juga istilah-istilah yang dipergunakan pada waktu itu, dan juga program-program aksi atau program-program mendesak partai. Saat itu, itulah yang diperjuangkan oleh Masyumi. Saya telah membaca Anggaran Dasar Masyumi yang enam kali berubah antara tahun 1945 sampai 1956 dan memang tidak ada istilah negara Islam di dalamnya. Tetapi kalau anda membaca tulisan dua tokoh, bukan demikianlah kenyataannya. Yang pertama ialah H. Zainal Abidin Ahmad, yang bukunya pertama kali terbit pada tahun 1946, dan diterbitkan di Pematang Siantar, Sumatra Utara. Pada waktu itu buku kecil yang isinya memperkenalkan Masyumi kepada khalayak ramai tersebut banyak beredar di Sumatra Utara. Di dalamnya, Pak Zainal mengemukakan bahwa Masyumi berjuang untuk menegakkan sebuah negara Islam.

Pada tahun 1952, Zainal Abidin Ahmad menerbitkan sebuah buku berjudul *Membentuk Negara Islam*, dan istilah-istilah yang terdapat di dalamnya malah lebih banyak lagi terdapat dalam karya-karya almarhum Isa Anshori. Beliau memang sering sekali menggunakan istilah negara Islam.

Hal inilah yang tidak saya temukan dalam tulisan Pak Natsir, tulisan Syamsuddin Prawiranegara ataupun tulisan tokoh-tokoh lain seperti Sugiman. Yusuf Wibisono, walaupun sering menulis, tidak pernah menggunakan istilah "Negara Islam". Beliau hanya mengatakan bahwa Islam itu memenuhi syarat untuk dijadikan dasar bagi sebuah negara modern. Jadi saya kira soal ada atau tidaknya istilah "Negara Islam" hanyalah merupakan persoalan istilah dan sifatnya agak kontradiktif.

Seperti apa yang ditanyakan oleh Pak Ekky Syahruddin tadi, adakah konsep "Negara Islam" itu di dalam Al-Qur'an dan Sunnah (Hadîs)? Konsep itu adalah sesuatu yang ada di dalam pikiran kita, dan merupakan produk pemikiran manusia. Tetapi, inilah yang perlu dijernihkan sekali lagi. Semua orang Islam yakin bahwa Al-Qur'an dan Hadîs bukanlah konsep hasil pemikiran manusia. Al-Qur'an itu bukanlah suatu konsep karena Al-Qur'an itu wahyu. Demikian juga Hadîs itu adalah ucapan, perbuatan dan tingkah laku serta sikap diam Nabi yang dikodifikasikan dalam kitab-kitab Hadîs.

Namun, yang perlu diperhatikan di sini adalah bahwa

Al-Qur'an, seperti yang dikatakan oleh Mas Amien Rais tadi, memiliki petunjuk-petunjuk yang bersifat umum dan berlaku universal tentang segala hal, termasuk antara lain prinsip-prinsip dan asas-asas tentang bagaimana kita menyelenggarakan kehidupan pribadi, kehidupan masyarakat maupun – di masa modern ini – dalam kehidupan negara.

Nah, menurut saya, terserah orang apabila hasil seperti itu mau dinamakan negara Islam atau tidak. Istilah ilmu hukum, fiqh Islam dan ilmu Kalam tidak ada di dalam Al-Qur'an. Tapi para pemikir menyusun konstruksi tentang ilmu Kalam dan istilah aqidah Islam yang menurut saya tidak ada dalam Al-Qur'an.

Jadi kalau orang kemudian berijtihad, ya, pertama-tama dengan cara merujuk kepada prinsip-prinsip yang dikemukakan oleh Al-Qur'an, dan kemudian dengan melihat situasi yang ada di masyarakatnya. Baru kemudian mereka menyusun konsep tentang sebuah negara, yang lalu mereka namakan negara Islam. Menurut saya, kita tidak bisa salahkan mereka, itu hak mereka sendiri.

Memang pada waktu itu saya sempat mempersoalkan ini dengan Pak Natsir. Saya tanya kepada beliau, "Pak Natsir, kenapa ideologi Masyumi itu disebut sebagai ideologi Islam?" Setahu saya, rumusan ideologi resmi Masyumi, atau tafsir asas Masyumi, ditulis oleh Pak Natsir sendiri, dan untuk menulisnya, Pak Natsir sempat berkelana antara lain ke Pakistan, ke Turki, ke Mesir dan ke negara-negara Timur Tengah untuk mengadakan serangkaian perbincangan dengan tokoh-tokoh Islam terkemuka.

Di Pakistan, pada tahun 1952, ia berbicara dengan Perdana Menteri Muhammad Alidan dan Menteri Luar Negeri Syeikh Muhammad Abdurrahman, walau sayangnya beliau tidak bertemu Al-Mawdudi. Itu saya sudah cek, baik kepada orang jemaat maupun kepada Pak Natsir sendiri. Dan setelah pulang, Pak Natsir mulai menulis hasil rumusan-rumusannya, yang *draft*-nya oleh Muktamar Masyumi di Bandung tahun 1952 diterima sebagai tafsir asas Masyumi.

Jadi apa yang disebut konsep itu sebetulnya konsep Pak Natsir, tapi kenapa konsep ini malah lalu disebut ideologi Islam, bukannya ideologi Masyumi atau ideologi Natsir? "Ya, orang bilang begitu", kata pak Natsir enteng.

Saya jadi berpikir bahwa istilah penamaan itu mungkin hanya penting, tetapi tidak menyangkut hal yang pokok. Jadi kalau misalnya pak Ekky Syahruddin ini dulu waktu masih bujangan mau menikah sebagai orang Islam dan aktivis Islam, tentu beliau ingin supaya rumah tangga beliau itu betul-betul menjadi rumah tangga Islami, betul tidak? Tetapi apakah perlu di depan rumahnya – apalagi sekarang ini dia adalah anggota DPR, jadi jangan-jangan ia akan mendapat rumah di Kalibata, misalnya – dicantumkan "Rumah tangga Islam Ekky Syahruddin"? Apakah orang tidak akan ketawa terbahak-bahak? Apa-apaan si Ekky ini, begitu pikiran orang.

Jadi, menurut saya, istilah negara Islam itu mungkin penting tetapi tidak pokok, sebab saya pikir orang makan telor setengah matang, terus minum susu, terus minum madu satu sendok itu penting bagi kesehatan, tapi tidak pokok. Kalau saya diberi minum susu, malah muntah-muntah. Jadi saya pikir yang pokok itu orang makan nasi dan lauk-pauk secukupnya tiga kali kalau normal, tapi kalau lagi krisis moneter seperti sekarang, barangkali satu kali saja sudah cukup. Jadi orang itu perlu makanan pokok, tapi tidak perlu yang lain kecuali yang penting saja. Kembali ke persoalan negara Islam, menerapkan prinsip-prinsip dan nilai-nilai Islam dalam sebuah negara bagi saya itu pokok, tapi apakah negaranya lalu disebut negara Islam atau tidak, itu hanya "penting" saja, tapi tidak pokok.

Saya cukup lama melakukan riset di Pakistan, di mana saya tinggal di Mansura selama kira-kira sembilan bulan. Mansura itu adalah markas besar dari Jema'at al-Islami di kota Lahore pada waktu itu. Di situ saya amati perjalanan Pakistan secara empiris untuk menerapkan ide-ide Islam pada sebuah negara di abad ke-20 ini. Dan menurut pengalaman saya selama di situ, rasanya terlalu berat bagi negara seperti Pakistan itu untuk menyandang predikat sebagai sebuah negara Islam. Ya, itu berat sekali, sebab bagaimana mau di-sebut negara Islam karena ayat Al-Qur'an yang pertama itu adalah *Iqra bismi rabbikalladzī khalaq*, sementara 73 persen rakyat Pakistan itu buta huruf. Saya kira itu masalah mendasar bagi Pakistan. Bagaimana kita menyelesaikan masalah kalau 73 persen penduduknya buta huruf dan hanya 27 persen yang bisa membaca. Orang Pakistan yang pandai, pandai sekali, yang goblok, goblok sekali. Begitulah kiranya.

Nah, mengenai soal negara Islam itu, apakah yang kemudian dilakukan Masyumi? Masyumi memang menyusun sebuah *draft* Konstitusi Republik Indonesia. Pada waktu mereka membentuk panitia, boleh-lah kalau sekarang disebut Panitia Sebelas, mumpung mau sidang MPR kan. Ada Tim Sebelas atau Tim Sembilan, kalau begitu. Panitia Sebelas diketuai oleh Pak Rizal Abidin Ahmad, dan anggotanya banyak sekali, termasuk Pak Natsir, Pak Roem, Pak Syafruddin, Pak Oetsman Ralibi dan lain-lainnya. Mereka ini diserahi tugas menyusun konstitusi yang akan diperjuangkan di Konstituante, dan oleh Mu'tamar Masyumi tahun 1956, *draft* itu diterima. Di dalamnya tercantum "Konstitusi Republik Islam Indonesia". Itu masih saya simpan dokumennya.

Tapi istilah Republik Islam itu tentatif, dan kemudian lebih jauh dikatakan *atau* "Konstitusi Republik Indonesia". Dalam Pasal I tercantum nama negara, dan sebagai dasar negara disebut *Republik Islam Indonesia berdasarkan Ketuhanan Yang Maha Esa atau Republik Indonesia berdasarkan Islam*. Itupun istilahnya sudah tentatif. Jadi itu betul-betul tidak main-main, dan yang ikut bukan hanya orang Masyumi saja, tetapi juga orang NU, PSII dan semuanya yang Islam-Islam itu. Nah, jadi sekarang Gus Dur (*Abdurrahman Wahid – red*) janganlah sampai cuci tangan, karena orang NU juga memperjuangkan negara Islam di Konstituante.

Itu semua kenyataan historis yang tidak bisa kita bantah. Jadi mereka perjuangkan itu. Saya juga menemukan dokumen-dokumen rapat Dewan Partai Masyumi tahun 1957 menjelang Sidang Konstituante. Mereka bilang, tujuan mereka menjadikan Islam sebagai dasar negara itu adalah perjuangan maksimal karena Konstitusi Republik Indonesia – yang pada saat itu adalah Undang-Undang Dasar Sementara (UUDS) tahun 1950 – telah memenuhi syarat-syarat minimal sebuah negara seperti dikehendaki oleh Islam. Jadi kalau Islam menjadi dasar negara, itu merupakan target maksimal. Artinya, kalau tidak tercapai, tidak apa-apa. Dan itu tegas dikatakan demikian. Jadi mereka perjuangkan Konstituante itu karena bebannya berat, apalagi karena itu merupakan janji-janji Pemilu. Contoh saja Golkar. Kalau para jurkam-jurkam itu sudah mengumbar janji muluk-muluk, janji-janji tersebut nantinya kan akan ditagih orang, ya tidak Pak Ekky?

Jadi, pada saat itu jurkam-jurkam tersebut sudah

kampanye ke mana-mana, bahwa pokoknya kalau Masyumi menang, mereka akan perjuangkan Islam sebagai dasar negara. Jadi, bagaimanapun juga, mereka harus perjuangkan Islam sebagai dasar negara, karena mereka telah janji. Pada waktu itu, Pak Kasman Singodimedjo menduga akan ada tiga dasar negara, yaitu Islam, Pancasila dan Komunis. Tapi rupa-rupanya orang PKI cukup pintar. PKI tidak mengajukan Komunis sebagai dasar negara, tetapi PKI bergabung dengan Pancasila. Jadi Pancasila itu didukung oleh partainya Pak Hamid, walaupun Sutan Takdir Alisjahbana pernah bilang, "Pancasila itu kayak keranjang, bisa diisi macam-macam". Tapi itu Pak Takdir, yang walaupun tidak cukup yakin, masih tetap mendukung.

Jadi pada waktu itu ada Pancasila, ada Islam dan ada Komunisme. Komunis PKI tidak memperjuangkan komunisme tapi bergabung dengan Pancasila. Nah, ketika pidato-pidato dasar negara itu sudah selesai dibicarakan, dibentuklah secara kompromistis sebuah Panitia Perumus. Dan rumusan-rumusan komprominya itu sudah dijadikan dasar negara, yaitu Pancasila, dengan sila pertama yang berbunyi "Negara berdasarkan Ketuhanan Yang Maha Esa" menurut agama-agama yang hidup di tanah air kita ini, yaitu Islam, Hindu, Buddha, Kristen dan agama-agama lainnya. Ini karena pada waktu itu orang PKI mendukung Pancasila juga.

Nah, Pak Kasman sempat bertanya, "Kenapa mendukung Pancasila, kalian itu kan PKI yang tidak bertuhan?" Dan jawaban Nyoto: "PKI sebagai partai memang tidak bertuhan,sama juga dengan Masyumi yang sebagai partai sebetulnya juga tidak bertuhan. Yang sembahyang lima kali sehari semalam itu kan *orang* Masyumi, sementara *partai* Masyumi tidak bisa sembahyang."

Jadi, kata Wikana, pada waktu itu Ketuhanan Yang Maha Esa berarti kebebasan beragama dan aspek itulah yang diterima oleh PKI, walaupun hal ini dibantah habis-habisan oleh Ihsan Sari. Katanya, dalam Komunisme, kebebasan beragama artinya juga kebebasan untuk *tidak* beragama serta kebebasan untuk ber-propaganda anti-agama seperti di Rusia. Jawab Wikana, "Itu Rusia, Indonesia lain, bung!" Debatnya jadi tidak karu-karuan. Tapi pada waktu akhirnya dilakukan *voting* menjelang usul kembali ke UUD 45, jumlah yang mendukung Islam sebagai dasar negara itu 205 suara dan yang mendukung Pancasila sebanyak 252 suara, dan dalam 252 suara tersebut terdapat 98 suara PKI. Hal itu harus diingat betul – jangan pernah dilupakan. Karena andaikata dari 252 suara itu minus PKI, jumlah para pendukung Islam di Konstituante itu lebih banyak daripada jumlah pendukung Pancasila.

Tapi meskipun pendukung Pancasila itu lebih banyak berkat adanya dukungan PKI, Murba dan lain-lainnya di Konstituante, ketentuan $\frac{2}{3}$ dari forum masih belum terpenuhi. Sementara, keputusan baru bisa diambil kalau $\frac{2}{3}$ dari forum menyetujui, sesuai dengan pasal 135 UUDS 1950. Tetapi dalam keadaan seperti itu, menurut saya tidak banyak yang bisa diperbuat, karena pada waktu itu keadaannya bergantung pada PNI. Masyumi sudah menerima Pancasila tapi hanya sebatas tafsiran Ketuhanan Yang Maha Esa menurut agama-agama Islam, Kristen, Buddha dan Hindu. Ini karena orang Masyumi khawatir Tuhan-nya ditafsirkan ala PKI. Nah, ketika PNI mau bergabung, masalahnya menjadi mana Pancasila versi Masyumi dan mana Pancasila versi PKI.

Di Jawa Tengah, Hadisubeno dan Imam Sopadeleno membentuk blok nasionalis Islam, tapi di pusat, PNI-nya

Suwiryo dan para Sukarnois lain-lainnya itulah yang menjadi masalah, walaupun mereka tetap memelihara kerjasama dengan kelompok ini. Jadi ada ketegangan antara Jawa Tengah dengan pusat pada waktu itu. Singkat kata, pada waktu itu sudah dilakukan *voting*, tetapi keputusan tidak bisa diambil. Sebetulnya, usul pemerintah kembali ke UUD 45 itu sudah ditolak oleh Konstituante. Jadi kalau mau bicara jujur, sebetulnya di Konstituante, baik Pancasila maupun Islam tidak bisa dijadikan dasar negara, karena dua-duanya tidak dapat dukungan $\frac{2}{3}$. Itulah persoalannya. Tapi setelah dikeluarkannya Dekrit, baru orang Masyumi dapat menerima. Oke, kita menerima, dan pada waktu itu yang diakui bukan negara Islam, tetapi Islam sebagai dasar negara. Apakah itu mau disebut negara Islam atau tidak, saya kira terserah orang.

Di dalam UUD 45 tidak ada istilah negara Pancasila. Tapi apakah hal itu dapat menjadi dasar bagi kita untuk mengatakan bahwa negara ini bukan negara Pancasila, kita tidak tahu. Begitulah pemaparan saya. Terima kasih. *Wassalam.*

Ekky Syahruddin

Ternyata pendukung Yusril Ihza Mahendra banyak juga. Jadi Amien Rais dan Cak Nur juga salah sangka. Biarpun di dalam UUD 45 tidak tertera bahwasanya Pancasila adalah sebuah negara, tetap saja negara ini disebut negara Pancasila. Jadi ada atau tidaknya sesuatu konsep jangan dilihat secara harfiah, karena anggapan demikian sangatlah salah. Namun sayangnya, Yusril beraninya hanya mengomeli saya; *wong* yang ngomong Cak Nur dan Amien Rais kok saya yang diganjar.

Yusril ini hebat sekali, tapi sayang dia banyak menyentuh

hal-hal pribadi, seperti menyindir-nyindir saya Golkar. Tapi tidak apa-apa, sebab saya memang sudah masuk Golkar semenjak tahun 1964-1965. Saya memang Golkar dan saya tidak akan beranjak dari situ, sebab kalau saya keluar, saya tidak loyal. Tetapi, biarpun saya sudah lama di Golkar, tetap pangkat saya masih rendah, karena saya belum menjadi *speech writer* Golkar. Tidak seperti Yusril, yang biarpun sudah menjadi penulis pidato Ketua Pembina Golkar, tapi berlagak seolah-olah tidak tahu-menahu mengenai Golkar, atau seolah-olah tidak mempunyai hubungan apa-apa dengan Golkar. Tetapi, okelah, saya kira kita tidak usah membawa hal-hal pribadi, kita kembali saja kepada yang nyata.

Cak Nur, mungkin pemaparan Yusril Ihza Mahendra tadi cukup bagus ya? Rumah saya tidak akan disebut "Rumah Ekky Syahruddin Islami", karena memang kalau ditulis demikian, kan namanya konyol! Jadi berarti Yusril ini suka "mengonyol-ngonyolkan" orang-orang. Oke, apakah Cak Nur mau membahas Yusril? Atau marilah saya alihkan diskusi kepada publik. Siapa yang ingin bertanya? Saya akan catat dulu. Oh, ada sebuah permintaan dari Bang Ali – beliau menolak bicara karena takut beliau jadi anak buah Yusril.

Ibu Titi

Pertama-tama, saya ingin bertanya, apakah forum ini adalah forum agama ataukah forum politik? Dua-duanya bagi saya sih oke saja. Sekarang saya ingin bertanya kepada Bapak Amien Rais, calon presiden kita. Dalam hal ini saya akan netral.

Begini, Bapak calon presiden yang barangkali terpaksa menjadi calon presiden, sebagai tokoh Islam, saya sekarang ini sebenarnya bingung, Pak. Apakah kita betul-

betul memahami arti Islam? Apakah bapak-bapak tokoh Islam itu sudah betul-betul memenuhi Islam, syariat Islam, sunnah dan hadîs, dan apakah mereka betul-betul sudah konsekuen dengan Al-Qur'an? Saya kok meragukan hal ini.

Kita sudah begitu banyak dibuatkan mesjid-mesjid. Begitu inginnya pemerintah menjadikan kita ini betul-betul Islam, tapi ini tidak tanpa tanda tanya. Sebagai contoh, Bapak ini (*Amien Rais – red*) sekarang menggembar-gemborkan demokrasi dan HAM, dan terus terang saya kagum kepada Bapak karena tokoh seperti inilah yang telah lama saya tunggu-tunggu – tokoh demokrasi dan HAM.

Namun sekarang kita juga harus melihat apakah bapak sudah melaksanakan demokrasi dan memperjuangkan Hak Asasi Manusia di dalam Islam. Contoh yang kongkrit adalah kita dibuat pergi sembahyang ke mesjid, kita dibuat mengaji. Namun apakah kita mengerti makna mengaji? Kenapa orang-orang diizinkan berpetuah dan gembar-gembor macam-macam di mesjid? Pergi ke mesjid itu kan tidak sekedar mendengarkan azan tok.

Ekky Syahruddin

Ibu, memang susah melarang orang untuk menyatakan pendapatnya masing-masing. Tetapi sekarang kita sedang membicarakan korespondensi antara Cak Nur dan almarhum Pak Roem. Mengenai mesjid, azan, mikrofon, nanti saja deh.

Ibu Titi

Ya, tapi sekarang ini era demokrasi. Saya sering melihat orang-orang menjadi sakit karena dipaksa lembur, padahal mereka harus istirahat. Apakah itu demokrasi, apakah itu hak asasi manusia?

Ekky Syachruddin
Memang yang ibu katakan tadi bukanlah tidak penting, walaupun mungkin ada forumnya tersendiri. Sekarang kita sedang memfokuskan pembicaraan kepada pikiran-pikiran Pak Roem yang kemudian ditanggapi oleh Cak Nur dan Amien Rais. Memang itu soal yang berat, dan karena berat larilah kita ke soal-soal yang lebih enteng.

Ibu Titi
Oke, maaf, tapi saya hanya ingin menanyakan kenapa kita ini hanya pintar ngomong. Tapi apakah yang sebenarnya telah kita lakukan untuk mencerdaskan umat Islam?

Ekky Syahruddin
Terima kasih, Ibu Titi. Saudara-saudara, ibaratnya kita sedang berjalan dan banyak yang kita lihat, tapi sebenarnya kita hanya berjalan di tempat kita menapak. Lihat gunung jalan ke gunung, lihat sungai jalan ke sungai, ada kerbau naik kerbau. Sekarang yang ada di tempat adalah persoalan-persoalan sekitar buku ini.

Had
Assalamu'alaikum wr. wb.,
Kami mau mengupas sedikit mengenai persoalan istilah dan beberapa hal lain yang tadi dikemukakan oleh Pak Yusril, walaupun pada intinya kami sepaham dengan Pak Yusril bahwa kita jangan terpaku atau terikat dengan istilah, karena kadang kala istilah itu hanya sekedar istilah dan penerapan daripada istilah itulah yang penting kita sikapi, karena sering berbeda dengan maknanya.

Jadi ada makna istilah, ada juga makna syara. Apakah

kita bicara *daulah* atau negara? Bagi saya sendiri itu tidak sebegitu penting. Yang jelas diterangkan di sini adalah apakah penerapan hukum-hukum syara itu dilakukan atau tidak. Itulah yang saya kira *urgent*. Dalam konteks ini yang dipermasalahkan adalah apakah Islam mengatur kehidupan dalam pemerintahan, pendidikan, politik, dan urusan umat. Yang saya ketahui, Islam mengatur tiga hubungan: hubungan manusia dengan Tuhannya, yaitu yang berupa akidah. Kemudian hubungan manusia dengan dirinya sendiri, yaitu berupa akhlak ....

Ekky Syahruddin
Jangan ceramah ya (*sambil bercanda - red*).

Had
Maaf Pak, di sini sebenarnya saya mau mengemukakan bahwa esensi pelaksanaan syara itu mencakup beberapa aspek, sehingga di dalam hidup kita di dunia ini kita tidak diuji atau dinilai hanya dari segi akhlak saja, berhubung Islam itu terkenal karena penekanan akhlaknya ...

Ekky Syahruddin
Pertanyaan atau persetujuan – perbedaannya apa?

Had
Baiklah kalau begitu. Hubungan ketiga yang tadi saya ingin sampaikan adalah hubungan antara manusia dengan manusia lainnya, yaitu yang berupa *khubbat* dan *muamalah*. Di sinilah Islam mengatur bahwa dalam pendidikan Islam harus ada pendidikan perekonomian, sehingga inilah yang saya rasa paling penting dalam kehidupan beragama, atau dalam kehidupan di dunia ini.

Sehingga yang menjadi permasalahan adalah apakah istilahnya menjadi Daulah Islam atau Daulah Kufur. Letak permasalahannya ada dua, yaitu apakah di situ diterapkan hukum-hukum Islam atau tidak. Jika tidak diterapkan hukum-hukum Islam secara sepenuhnya, maka itu bukanlah negara atau daulah Islam. Kemudian, saya nilai bahwa para pembicara dalam diskusi ini membuat kesalahan dari segi historis ...

Ekky Syahruddin
Maksudnya pembicara yang mana, karena pembicara dalam diskusi ini banyak.

Had
Maksud saya pembicara yang pertama dan kedua, yaitu Pak Amien Rais dan Pak Nurcholish Madjid. Beliau-beliau ini meninjau permasalahan hanya dari segi Islam dalam kehidupan di Indonesia saja, padahal Islam berkembang sejak abad Rasullullah sampai ...
Terima kasih. *Wassalam.*

Ekky Syahruddin
Saudara Had jangan sampai didaulat oleh rakyat, ya. Kemudian yang ketiga, Saudara Rahmat, saya persilahkan.

Rahmat
Nama saya Rahmat, dan ini adalah nama pemberian dari orang tua, yang entah santri atau bukan saya kurang paham, Pak Ekky. Saya melihat tadi bahwa penyorotannya hanya dari segi etimologis saja, contohnya mengenai istilah *daulah*. Saya setuju bahwa dalam Al-Qur'an, daulah itu artinya

pergiliran, tetapi apakah dasar tersebut cukup untuk membuat analisa seperti itu?

Saya melihatnya dari sisi lain, seperti misalnya zakat. Zakat itu kalau kita lihat dari segi etimologis artinya "suci". Jadi istilah zakat dalam arti teknis, yaitu "sekian persekian-sekian persen dengan barang ini atau itu", kalau ditinjau hanya dari pendekatan etimologis semata, tidak akan pernah ada.

Demikian pula misalnya salat. Pengertian salat dari segi bahasa adalah doa. Tetapi apabila kita hanya mencoba memahaminya melalui pendekatan etimologis – bahwa salat itu sama dengan doa – maka takbir dan salam-salam itu tidak akan pernah ada.

Maka pendekatan saya adalah sebagai berikut. Saya melihat bagaimana konsep itu dalam hal pemikiran. Bagaimanakah ajaran Islam itu kita pahami secara integral? Apakah yang terdapat di dalam Islam itu dapat dikategorikan sebagai negara modern? Kalau kita sudah dapat jawabannya, barulah kita nilai lebih lanjut apakah sebuah negara layak disebut negara Islam. Jadi pendekatan saya bukan dari segi bahasanya tapi dari segi isi ajaran Islam.

Kemudian apabila kita bicara sejarah, saya berpikir bahwa yang diperbincangkan tadi itu hanyalah masalah Masyumi dan sebagainya. Saya pernah baca buku berjudul *Politik Islam Hindia Belanda* karya Aqib Suminto. Seingat saya, di situ diungkap adanya tiga kongres *khilafah* di mana ulama-ulamanya sampai banyak berubah, dan sebagainya. Artinya, konsep negara dalam Islam itu pernah ada, sebab kalau tidak ada, tidak mungkin sampai terjadi demikian.

Ekky Syahruddin

Soal penyebutan atau pendefinisian, perlu tidak pakai nama? Itulah soalnya.

Had
Saya kira tidak perlu.

Ekky Syahruddin
Kalau begitu sama dengan Cak Nur.

Had
Sebentar Pak, ada sedikit perbedaan. Kalau dikatakan negara Islam, itu kan berarti daulahnya Islam, padahal di dalam literatur-literatur Arab, istilah yang digunakan bukan Daulatul Islam tetapi Daulah Islamiyah, yang artinya adalah negara yang bercorak Islam, dan yang intinya adalah bahwa hukum harus berasal dari Allah, dan manusia hanya melaksanakan saja. Itulah intinya. Sumber hukum itu ialah Allah. *Wassalamu'alaikum.*

Ekky Syahruddin
Oke, bagi Rahmat, esensi dan formalitas perlu disebut dua-duanya. Saya kira cukup. Sementara, tiga orang di sini mengatakan asalkan esensinya ada, apakah penyebutannya perlu? Nah, itulah barangkali perbedaannya dengan saudara Rahmat. Sekarang saya persilahkan, Eggy Sujana.

Eggy Sujana
Assalamu'alaikum wr. wb.,
Marilah kita konsentrasi kepada buku ini. Menurut saya, judul buku tersebut, *Tidak Ada Negara Islam*, sangat tidak demokratis. Itu kan sudah menutup peluang bagi pendapat lain yang memperbolehkan adanya negara Islam itu. Di sini kita memerlukan keadilan, walaupun caranya mungkin Bapak-bapak yang lebih tahu.

Tadi semuanya bilang konsep negara Islam tidak ada di dalam Al-Qur'an maupun Sunnah. Sekarang saya tanya, ada tidak larangannya kalau kita mau buat negara Islam? Tolong jawab itu! Saya kira larangannya tidak ada. Kalau tidak ada, konsekuensinya saya kira tidak ada *dong*. Nah, kenapa kalau tidak ada larangannya, kok kita *kayaknya* disalah-salahkan kalau mau begitu. Saya himbau, janganlah kita ini berpendapat dalam konteks intelektual, agar bisa diterima semua pihak, begitu. Dalam politik, mana ada keputusan yang bisa diterima semua pihak?

Namun komitmen kitalah yang harus jelas, ke mana arah kita dan apa yang kita perjuangkan. Sepanjang mau diterima semua pihak, hanya pelawak sajalah yang demikian. Nah, pernyataan tersebut adalah untuk Cak Nur dan Amien Rais. Yang kedua ini adalah untuk Yusril. Mengenai negara Islam, kan tidak ada larangannya dalam Al-Qur'an dan Sunnah? Kalau ada tolong tunjukkan. Saya kira dalam segi pemikiran, saya banyak sependapat dengan Yusril, cuma perbedaan antara yang penting dan pokok itu saya kira efeknya malah menggugurkan semua argumentasi. Yang jelas, yang penting adalah juga yang pokok. Kenapa sesuatu bisa penting tetapi tidak pokok? Mana logikanya? Ya, kalau sudah penting, artinya juga pokok dong. Kalau kita bicara esensi, ya saya kira format dan substansinya perlulah. Sebab, dan ini perlu digaris-bawahi, kalau kita menyebut nama Islam, maka ada konsekuensi moralnya.

Dalam konteks HMI, kok mau menyatakan HMI itu berasas Islam, tidak diperbolehkan? Kenapa tidak boleh? Saya jadi bingung. Ternyata yang membela Pancasila malah PKI.

Nah, yang terakhir, adalah mengenai kata pengantar Pak Adi Sasono. Saya kira, ada satu hal dalam konteks Islam yang patut kita perhatikan. Wajah dunia baru itu kan di sini, di bumi Indonesia ini, jadi saya pikir kita *just do it* saja deh. Kita sama-sama punya kapasitas, punya kemampuan masing-masing. Kita lakukan yang kita anggap baik dalam konteks ajaran Islam. Saya kira, dengan segala peran yang kita miliki dan semua *statement* yang ada dalam diri kita, kita lakukan sebaik mungkin dalam ajaran Islam. Jadi *just do it*, dan jangan terlalu banyak omong. *Wassalam.*

Ekky Syahruddin
Sekarang saya persilahkan kepada Pak Hamid al-Gadri. Silahkan.

Hamid al-Gadri
Sebagai orang Muslim dan sebagai seorang pencinta agama Islam, saya tentunya mengikuti semua tulisan tentang ada atau tidaknya negara Islam. Oleh karena itu, pada malam hari ini, saya juga dengan penuh perhatian mendengarkan argumentasi-argumentasi yang dikemukakan oleh masing-masing pembicara. Ada sesuatu yang mengusik di benak saya, tetapi kok saya belum saja menemukan jawabannya.

Tetapi beginilah. Di samping argumen-argumen yang dikemukakan tadi, saya senantiasa memikirkan sesuatu yang jarang dipikirkan, yaitu pendekatan secara sejarah. Misalnya, saya ingin tahu mengapa tidak semua aturan-aturan jahiliyah ketika Islam bangun di Mekkah itu dihapuskan. Orang-orang Arab non-Islam waktu itu sudah pergi thawaf, kalau tidak salah juga pergi sa'i, dan bahkan kalau tidak salah juga pergi wukuf... saya tidak tahu lagi seterusnya. Yang pasti, kesemuanya itu adalah masa pra-Islam yang dipindahkan ke Islam.

Ketika Islam bangun, menurut sepengetahuan saya, hal-

hal itu semua dihidupkan lagi. Jadi apa yang ada di zaman jahiliyah itu diambil alih oleh Islam, atau dibenarkan oleh Islam. Juga waktu Nabi pergi ke Madinah, di sana ada Anshor dan Muhajirin, dan di sanalah Nabi mendirikan suatu masyarakat. Mengenai hal itupun pernah diadakan suatu pendekatan, yang mengatakan bahwa apa yang dirubah oleh Nabi dan apa yang dianggap biasa oleh Nabi itu hidup terus. Oleh karenanyalah, kita dapat lebih jelas mengetahui apa sebetulnya yang dinamakan negara Islam dan apa yang bukan. Sebab kalau kita mengetahuinya, apabila Nabi membiarkan semua hal yang lazim dilakukan pada zaman jahiliyah, itu menunjukkan bahwa memang ada hal-hal yang tidak begitu dianggap penting oleh Islam, atau, paling tidak, oleh Nabi.

Oleh karena itu, sekarang pertanyaan saya tertuju kepada Pak Nurcholish Madjid. Apakah sudah ada pendekatan secara historis seperti ini? Apa sajakah dari zaman Jahiliyah tersebut yang dibenarkan hidup terus oleh Islam? Dan apakah yang dilarang? Barangkali kalau kita mendapat jawabannya, kita bisa lebih mengerti apa sebetulnya negara Islam itu, dan adakah ia atau tidak?

Sekian saja. *Wassalam.*

'Imaduddin Abdurrahim

Terus terang saja saya tergoda untuk berbicara tentang negara Islam ini. Maafkan kalau mungkin agak keluar jalur sedikit, tetapi tetap di dalam inti permasalahan. Ketika saya baru lulus dari ITB pada tahun 1961, saya langsung menjadi dosen selama beberapa bulan. Tujuh daripada kami, sama-sama pemuda Islam, dipanggil untuk bertemu muka dengan almarhum Bung Hatta di Ujung Berung, dekat Bandung. Kami dibawa oleh almarhum Pak Kasum menghadap Bung Hatta, dan saya sebagai kepala rombongan langsung disuruh bicara.

"Apa yang ingin kalian sampaikan kepada saya?" tanya Bung Hatta.

"Kami, para pemuda Islam, sangat kecewa kepada Bapak, karena kami menganggap Bapak tidak bertanggungjawab kepada bangsa ini." jawab saya. Dan ini yang perlu saya tekankan di sini – kalau pemimpin lain dikatakan begini pasti merah pipinya, tapi Bung Hatta malah tersenyum dengan bangganya. Walaupun saya mengerahkan segala keberanian untuk menyatakan hal itu, jawaban Bung Hatta hanya "Mengapa?"

"Bapak tinggalkan kursi kewakil-presidenan, jadi Bapak tahu kalau Sukarno itu tidak pernah mendengarkan perkataan orang lain kecuali kalau Hatta yang bicara. Sekarang, setelah Bapak meninggalkan dia, dia jadi merajalela. Buku Bapak mengenai Ilmu Klasik itu saja dilarang." begitulah kata saya.

"Saya bangga pada kalian, karena walaupun kalian insinyur kalian tetap memperhatikan politik. Yang kalian baca dalam buku ini adalah mengenai tanah air kita, tanah air yang baru merdeka selama 17 tahun. Mayoritas rakyat ini belum tahu banyak mengenai makna daripada hak dan kewajiban. Orang Amerika saja baru 200 tahun merdeka, jadi masalah politik di Indonesia ini masih terlalu elementer. Untuk jadi pemimpin politik, orang tidak perlu pintar-pintar seperti kalian. Orang yang pandai ngomong berapi-api, tapi bohong, bisa menjadi pemimpin politik. Ini *lillāhi ta'ala* saya bicara seperti ini. Jadi yang penting adalah bagaimana mendidik kader yang betul-betul bertanggungjawab, pintar, ikhlas, bertakwa dan sebagainya."

Husein Umar kemudian bertanya, "Bapak berbicara

mengenai takwa dan kejujuran, bahkan mengenai Pancasila, tapi tidak pernah bicara tentang Islam. Apakah sebabnya?"

Jawab Bung Hatta, "Perbedaan saya dengan Natsir ibarat segelas air di depan saya ini, yang tampaknya begitu bening dan transparan. Nah, cobalah teteskan setetes gincu dan kocok. Warnanya jelas berubah, tapi rasanya tidak berubah. Tapi coba masukkan setengah sendok garam, dan kemudian kocok. Warnanya tidak akan berubah, tapi rasanya berubah. Natsir itu menganggap Islam seperti gincu, sementara saya menganggap Islam itu seperti garam. Tanamkan Islam di dalam hati pemuda-pemuda dan dia akan bereskan seluruh negeri ini".

Itu kata Bung Hatta pada tahun 1962, persis 35 tahun yang lalu, dan itulah yang kita kerjakan sekarang dalam ICMI. Terima kasih. *Wassalam.*

Ali Sadikin

Assalamu'alaikum wr. wb.,

Saya tidak akan menanggapi apa yang tadi disampaikan, tapi saya ingin menarik kesimpulannya. Menarik kesimpulan dalam menghadapi masa depan, apalagi sebagai kelompok mayoritas 90 persen. Di forum ini, yang 95 persen terdiri dari generasi muda, saya menganggap diri saya ini tua *lah,* umur sudah hampir 72 tahun. Dan di dalam rangka masalah kehidupan umat Islam, dalam kenegaraan kita, saya sebagai tentara, mengalami apa yang disebut dengan Tentara Islam Indonesia (Darul Islam), walaupun juga kemudian dengan PRRI, dengan PERMESTA. Jadi, berdasarkan pengalaman hidup saya waktu zaman DI/TII, kemudian waktu zaman Orde Baru juga, dalam tahun-tahun pertama sampai tahun 1990, saya kira ada suatu kondisi di mana

Islam itu tidak disenangi. Umat Islam itu seolah-olah selalu dicurigai. Oleh karenanya, sering timbul dalam hati sanubari saya, kenapa kita diam saja. Walaupun saya akui bahwa saya tidak menguasai agama saya sendiri, Islam, tapi toh hati saya tetap terusik. Saya dilahirkan sebagai orang Islam, dan saya mencoba untuk berbuat sesuai dengan kemampuan saya. Kenapa kita sebagai umat Islam dicurigai? Perubahan baru terasa semenjak awal tahun 90-an itu.

Nah, para hadirin, dalam menghadapi masa depan, sebagai umat Islam apakah kita tidak bisa memangku segala amanat yang sedemikian banyaknya itu? Saya sebetulnya sungguh kecewa, karena walaupun kita mengatakan negara kita ini terdiri dari 90 persen Muslimin, nasib kita kok masih begini-begini saja. Tidak usah lihat jauh-jauh; mari lihat Malaysia, yang non-prinya sekitar 35 persen, belum lagi orang-orang India dan lain-lainnya. Kenapa mereka jauh lebih baik kehidupannya, sedangkan kita yang 90 persen penduduknya Muslimin begitu tertinggal? Lebih-lebih dalam keadaan negara kita sekarang ini, saat mana mungkin lebih dari 100 juta orang hidup sengsara akibat dari apa yang disebut dengan krisis moneter.

Saya sering mengatakan bahwa saya sering mimpi, kapan umat Islam ini bersatu, karena selama ini kita cekcok terus saja. Lebih lagi, cekcoknya apakah memang dari dasarnya sudah cekcok atau cekcok yang di-rekayasa oleh kekuasaan? Padahal potensi kita demikian besarnya. Coba, P-4 sudah berjalan selama 20-an tahun, mesjid makin banyak, jumlah orang yang pergi ke mesjid-pun terus bertambah, tapi kok keadaannya tidak makin membaik? Itu kan aneh? Apakah gerangan yang terdapat dalam hati sanubari kita ini? Mengapa demikian nasib bangsa ini? Adakah sesuatu dari titah dan amanah Allah yang tidak kita laksanakan? Memang, sebagai umat, kita tidak melaksanakan *amar ma'ruf nahi munkar* karena kita bisanya hanya ngomong *amar ma'ruf* saja, tapi tidak *nahi munkar*-nya karena kita takut. Apalagi ulama-ulama itu, yang kerjanya menonjol-nonjolkan *amar ma'ruf* saja.

Jadi inilah – maaf kalau saya mengeluarkan isi hati saya seperti ini – karena saya ingin kita ini bisa hidup lebih baik. (Dengan nada keras: "Bisa hidup lebih baik kita ini!") Itulah harapan saya pribadi.

Kalau pada tahun 1965 itu Bung Karno dianggap salah, artinya saya ikut salah, semua yang tua-tua itu ikut salah. Kenapa kita seenaknya ngomong ekonomi kita kuat, pembangunan kita berhasil, tapi nyatanya jelas-jelas tidak demikian? Maafkan saya bicara seperti ini, saya tidak berhasrat untuk menghasut, demi Allah! Ini hanya isi hati saya, karena apa yang saya kemukakan merupakan tanggung jawab kita semuanya, seluruh umat Islam, seluruh umat Muslimin dalam hubungannya dengan warga negara lainnya.

Mari kita bersatu untuk memperbaiki nasib kita ini. Saya betul-betul datang ke sini karena undangannya menyatakan bahwa negara Islam itu bukan persoalan. Hati saya menjadi makin yakin, bahwa masalah negara Islam ini tidak perlu dipersoalkan. Jadi, apabila memang demikian, tidak ada alasan bagi siapapun juga, termasuk para penguasa, untuk takut pada kita, umat Islam Indonesia.

Dan walaupun katanya sekarang seakan-akan sedang ada "rangkul-rangkulan", kiranya perlu diperjelas siapakah yang merangkul dan siapakah yang dirangkul. Dan kalau disebut umat Islam, perlu juga diperjelas umat Islam yang mana.

Para anak muda, kalian adalah tumpuan harapan saya. Sungguh, waktu saya sudah lewat, kemampuan sayapun hanya sampai segini saja. Tapi saya sungguh berharap, bahwa saudara-saudara, terutama saudara-saudara yang muda-muda ini, menjadikan ini perjuangan kita bersama, dengan tujuan yang baik, murni dan ikhlas, bukan untuk berevolusi, tapi hanya untuk memperbaiki keadaan saja. *Wassalam.*

Ekky Syahruddin
Jadi alangkah jelas, saudara-saudara, bahwa bagi Pak Ali Sadikin, kita janganlah hanya ngomong yang abstrak konsepsional saja, tapi bagaimana kita menjadi kuat dan bagaimana kita dapat memperbaiki nasib umat. Kok kita ketinggalan sih sama Malaysia? Kita ini kalah oleh siapa? Kok di Malaysia ada pemerataan, padahal Islam di Malaysia kan disebut-sebut juga, dan tidak disembunyikan. Tapi yang penting adalah bagaimana kita menjadi kuat dan umat Islam menjadi tuan rumah di negeri ini. Itulah kehendak Bang Ali.

Oke, saudara-saudara. Saya pikir Pak Adi Sasono boleh menjawab, karena dia juga adalah pemikir dan topik ini berkaitan dengan kekuasaan. Kalau dahulu paman beliau selalu bersama-sama Bung Karno – dan tadi dikatakan tidak dapat dibayangkan *survival* HMI tanpa *nempel*nya Pak Dahlan dengan Bung Karno – apakah sekarang Pak Adi juga *nempel* dengan Soeharto? Soalnya, Amien Rais sudah keluar tapi Mas Adi Sasono tidak keluar. Tapi siapa tahu, mungkin ada maksud luhurnya yang kita tidak paham.

Yah, silahkan Pak Adi, walaupun tentunya kaitan tersebut sifatnya hanya sebagai intro saja. Yang penting, tolong jabarkan seperti apa pikiran-pikiran Pak Roem itu kalau dikaitkan dengan pikiran dua orang yang formalis, dan satu orang yang esensialis.

Adi Sasono

Pada bulan Maret 1998 yang akan datang, Amien Rais dan saya itu kira-kira akan berpangkat sama, yaitu *mantan calon*. Kalau saya mantan calon anggota MPR, dan beliau mantan calon Presiden. Ketika ditanya wartawan, saya bilang masuknya Amien Rais itu kan sebagai pemrakarsa pendidikan politik, karena dari 200 juta orang penduduk Indonesia, masa tidak ada satupun yang dapat mencetuskan hal tersebut? Jadi kita harus berterima kasih kepada Amien Rais, karena dia telah memberikan teladan tentang pendidikan politik. Itulah tafsir saya. Saya juga yakin bahwa Bung Amien Rais juga paham mengenai mekanisme yang ada, yang sebenarnya sungguh amat sulit. Tapi itulah yang diharapkan kalau ingin disebut calon yang benar-benar serius dan patut diperhitungkan. Beliau menyadari penuh hal tersebut dan beliau meletakkan diri sebagai seorang yang mengambil risiko untuk suatu proses pendidikan politik jangka panjang. Itulah, menurut hemat saya, posisi Amien Rais yang sebenarnya.

Nah, di situ jugalah letak perbedaan saya dengan Ekky Syahruddin. Ekky itu jangankan hanya masuk MPR saja, tetapi DPR juga sekalian. Kalau saya, di MPR-pun tidak bisa. Jadi bagaimana orang yang bisa masuk MPR menuduh yang anggota MPR-pun bukan? Yang tadi bicara itu mana bisa lebih dekat lagi dengan kekuasaan daripada dalam posisinya sekarang? Logikanya di mana ini?

Saya mengusulkan dari surat-menyurat itu, bahwa kita tidak usah terpana dengan masalah-masalah ke-*kini*-an. Tidak ada yang abadi di dalam kehidupan di dunia ini, dan kita tidak boleh terkesima atau terpana dengan keperkasaan, atau dengan sebuah struktur kekuasaan. Itu tidak boleh, karena di atas langit ada langit.

Yang harus kita prioritaskan adalah membangun sebuah tradisi yang lebih mulia, sesuatu yang surat-menyurat ini memberikan banyak pelajaran bagi kita semua. Cak Nur menyebut Mohammad Roem sebagai seorang demokrat, seseorang yang konsekuen dengan hukum dan konstitusi, dan seseorang yang modern, dalam pengertian bahwa dia yakin bahwa cita-cita politiknya bisa tertempuh dalam suatu tatanan negara modern berlandaskan akhlak, etika dan moral. Saya kira dalam kaitan itulah, kita yang lebih muda dari Bang Ali harus mengambil manfaat dan tidak boleh ikut-ikutan atau terjebak dengan kepentingan-kepentingan yang sebetulnya lebih bersifat jangka pendek. Jangan hanya dilihat dari judulnya, yang mungkin agak provokatif, dan yang oleh teman saya, Eggy Sujana, disebut tidak demokratis atau sepertinya menutup kemungkinan-kemungkinan lain. Tapi toh yang kita soroti adalah esensi dari surat-menyurat tersebut. Terima kasih, *wassalam*.

Ekky Syahruddin
Terima kasih, Pak Adi. Silahkan, barangkali Amien Rais ingin menanggapi tentang metafor yang menarik tersebut, mengenai Islam gincu dan Islam garam, bahwa yang penting adalah rasanya bukan warnanya.

Amien Rais
Baik, saudara-saudara sekalian. Saya ingin singkat saja, supaya nanti Pak Nurcholish Madjid yang pakarnya ilmu keislaman bisa lebih ke sana-ke mari tinjauannya.

Kepada Ibu Titi, tadi mengenai apakah Islam itu, saya rasa kita semua sudah tahu. Kemudian apakah kita sudah konsekuen? Ya, mari kita juga konsekuen jawabannya. Kemudian mengapa kita hanya ngomong-ngomong saja dan mana aspek pencerdasannya? Kira-kira begitu bukan?

Ya, saya kira ngomong-ngomong itu adalah salah satu cara menuju pencerdasan, karena kalau ngomong saja tidak berani, kapan kita bisa cerdas?

Sekarang, kepada Mas Had, yang menanyakan apakah sesungguhnya kita ini Darul Islam, atau Darul apakah kita ini? Menurut saya, sesungguhnya ada satu teknologi yang tidak banyak dibahas. Menurut ulama-ulama dulu, sebetulnya ada Darul Islam (*Deputy of Islam*), Darul Harb (*Deputy of War*) dan Darul al-Had (*Deputy of Agreement, Deputy of Treaty*). Jadi antara suatu negara Islam (*Islamic State*) dengan negara yang harus diperangi karena kafir, ada negara yang memperbolehkan kemajemukan dan pluralisme kehidupan dari kelompok-kelompok dalam suatu masyarakat. Untuk Indonesia, yang mungkin adalah Darul al-Had tadi, dan kalau kita membaca *Shahifah al-Madinah*, atau Piagam Madinah, sesungguhnya itu merupakan kritik dari Nabi dan para sahabatnya terhadap orang Nasrani dengan segala sekte-sektenya, berikut orang Yahudi.

Saya tidak ingin politik bendera dan politik gincu, tapi saya ingin politik garam. Maka sebaiknya, seperti kata Pak Roem, kita tidak usahlah membuat yang mengagetkan. Yang penting kita harus memantau apakah garamnya terasa, atau gurihnya terasa asin, tanpa kemudian mengejutkan orang-orang yang memang punya hak sepenuhnya untuk hidup di negeri ini dalam kemajemukan dan kebhineka-tunggal-ika-an yang harus senantiasa kita pertahankan.

Jadi, menurut saya, salah satu pengertian dari Al-Qur'an

adalah bahwa kita memang harus menegakkan kehidupan bersama yang Islami, di mana *the principle of liberalism is consensus* itu menjadi dasar yang penting sekali, dan terutama cocok bagi negara kita yang terdiri dari 200 suku bangsa, 5 agama resmi, dan ditambah dengan berbagai ras, suku etnis, tradisi dan lain-lain. Menurut saya semacam Darul al-Had itu sajalah, karena Darul Islam itu nantinya malah akan mengagetkan lagi. Tetapi yang sudah ada adalah Darul Pancasila, yang kemudian tergantung pada kita bagaimana mengisi nya dengan hal-hal yang sesuai dengan hukum dan wahyu.

Ekky Syahruddin
Tolong diulang, Darul al-Had itu apa?

Amien Rais
Al-Had itu artinya perjanjian. Kemudian yang ketiga adalah pertanyaan dari Mas Rahmat, yang esensinya adalah jangan menyoroti Islam dari segi etimologis, tetapi yang penting dari segi isinya. Saya rasa kita sependapat, karena buat apa kita mengibar-ngibarkan bendera Islam, kalau kenyataannya sangat jauh? Tadi, Yusril sudah mengatakan bahwa kehidupan Islam itu sudah berat sekali apalagi memakai cap Islam dengan kenyataan yang sama sekali bertolak belakang. Arab Saudi itu lebih-lebih lagi, karena Arab Saudi adalah sebuah negeri yang tidak punya Undang-Undang Dasar. Lalu saya pernah tanya kenapa mereka tidak punya Undang-Undang Dasar? Mereka mengatakan *Dustur-na Al-Qur'an* atau *Constitution is Al-Qur'an*. Jadi hebat sekali, begitu.

Kemudian, saking hebatnya, mereka lupa bahwa Al-Qur'an itu adalah sumber hukum, bukan *book of law*, bukan

Kitab Undang-Undang Hukum Pidana, ya tidak? Sehingga ketika seseorang membunuh, ia segera dipancung, tanpa melihat aspek-aspek yang lebih luas, misalnya mengenai penyebab dari pembunuhan tersebut. Atau motivasi ekologi atau lingkungan yang menyebabkan seorang Nasiroh sampai berani membunuh majikannya sendiri. Tapi mereka tidak peduli kesemuanya itu, karena Al-Qur'an dianggap seperti *book of law*.

Tetapi saya tahu bahwa saudara-saudara sekalian semuanya tahu bahwa formalisme itu tidak ada gunanya kalau isinya malah jadi memberatkan. Sebab umat Islam sedunia selalu dituding orang Barat, "Lihat Pakistan, katanya Islam tapi nyatanya brengsek. Lihat Saudi, katanya Islam, ternyata amburadul." Jadi saya kira kalau kita juga ikut-ikutan mengibar-ngibarkan negara Islam, tapi ternyata korupsi dan nepotismenya seperti ini hebatnya, kan kasihan Islamnya, kasihan agama Allah yang suci itu.

Ekky Syahruddin
Tapi kan tidak ada larangannya?

Amien Rais
Baik, untuk menjawab Bang Ekky, apakah ada larangannya? Saya kira kita harus kembali ke *ushul fiqh*, bahwa yang tidak dilarang itu *mubah*. Saya kira kalau Bang Eggy Sujana mau membuat negara Islam, itu sah-sah saja. Cuma ini harus disertai kearifan, bahwa ada realitas hidup yang harus kita cermati dalam konteks yang sangat beragam elemen-elemennya tersebut. Sesungguhnya saya ini mau buka rahasia karena saya punya gagasan yang menarik yaitu bahwa Muhammadiyah itu mulai melakukan *high politics,* bukan *low politics*. Sebenarnya gagasan saya itu diilhami oleh

Pak Hatta. Walaupun saya tidak pernah ketemu Pak Hatta, kalaupun sampai ketemu saya juga pasti sama cerdasnya dengan Bang 'Imad (*'Imaduddin Abdurrahim - red*). Tidak usah ketemu-pun saya sudah bisa memahami beliau....

Ekky Syahruddin *(menyela)*
Kalau begitu, Mas Amien lebih cerdas.

Amien Rais
Jadi memang saya mengatakan, Muhammadiyah yang kebetulan saya pimpin ini memerlukan politik garam, bukan politik gincu atau politik bendera, yang berkibar kosong melompong, tapi kenyataannya sama sekali tidak ada. Lebih baik kita tidak usah mengibarkan gincu yang malah bisa *misleading* atau menjerumuskan dan sama sekali tidak ada substansinya. Lebih baik kita menempuh politik garam.

Sekarang kepada Bang Ali yang memang seringkali menunjukkan keprihatinan yang berat sekali. Asal saya ke Jakarta, saya selalu melihat beliau menampakkan ketulusan, komitmen dan ... ya ... keprihatinan. Mungkin beliau, sebagai salah seorang tonggak Orde Baru, sedang meratapi, kok judulnya cuma seperti ini, tapi apa hasilnya, sampai-sampai beliau nampak begitu *gemes*, ya tidak? Nah, salah satu paradoks di Asia Tenggara ini memang perbedaan antara Malaysia dan Indonesia. Malaysia itu non-prinya sampai 35 persen, tetapi kok prospek antara Melayu Keling dengan Cina kelihatannya akan seimbang pada tahun 2020-an, sesuai dengan estimasi proyek waktu itu. Sementara kita yang non-pri itu hanya sekitar 3 persen, tetapi genggaman ekonominya kok begitu luar biasa? Mengapa bisa demikian?

Saya kira karena ada kolusi tersebut, yang tentunya tidak boleh kita biarkan berlarut-larut. Dan memang tadi, seperti kata Pak Ali Sadikin, mengapa setelah ada banyak penataran P-4, kita malah semakin terpuruk?

Sehingga muncul cerita, belum lama ini di tengah padatnya suatu perempatan jalan di Bangkok, ada gajah yang mogok dan tidak mau bergeming dari perempatan jalan tersebut, sehingga jalan jadi semakin macet tidak keruan. Lantas digelar perlombaan dari berbagai bangsa untuk adu kekuatan mendorong gajah agar lalu- lintas bisa lancar lagi. Ada orang India nan gagah dan kuat, tapi tidak berhasil. Demikian juga orang-orang nan gagah dan kuat dari lain-lain negara. Kemudian ada seorang kurus kerempeng berasal dari Jawa Barat. Ia membisikkan sesuatu ke gajah, yang menyebabkan gajah tersebut bangkit dan lari. Saya tanya, "Eh, kok bisa hebat sekali?" Jawab orang tersebut, "Saya bilang sama gajahnya, kalau *you* tidak mau pergi, saya ajak ke Indonesia untuk penataran P-4." Saya juga pernah ditatar P-4, dan saya juga termasuk *big elephant.*

Namun saya kira keprihatinan Pak Ali Sadikin itu masuk akal, karena beliau sebagai pejuang sedih bahwa dengan begitu banyaknya penataran P-4, begitu banyaknya mesjid, penyakit-penyakit yang kronis di bidang korupsi, kolusi dan nepotisme itu belum juga hilang. Oleh karena itu, mungkin memang perlu ada perubahan sekarang ini. Jadi kalau kita berpikir dalam ritme daulah tadi, ini kan menjadi masalah siapa yang mendapat giliran, ya tidak? Jadi, artinya, berikan juga kesempatan pada bangsa ini. Saya kira bangsa kita ini bangsa besar, dan potensi kepemimpinannya juga insya Allah tidak kalah dengan Bung Karno atau Pak Harto. Itu saya yakin sekali. Saya yakin Allah yang Maha Kuasa tidak menciptakan bangsa sebesar ini agar calon pemimpinnya selalu tunggal terus. Itu tidak mungkin saja. Secara *sunatullah* kita ini bangsa besar, jadi potensi kitapun juga besar asal diberi kesempatan dan digali.

Jadi, saya kira kapan-kapan kita akan melihat bahwa setelah kepresidenan kita lengser, kita malah menjadi macet. Dan ini sebetulnya merupakan keberhasilan kita bersama, bahwa saya dapat menggulirkan masalah yang fundamental ini, yang kadang-kadang sama sekali tidak didukung juga, begitu. Tapi saya mengerti persis yang dikatakan oleh Pak Ali Sadikin itu. Kuncinya memang di situ. Kadang-kadang saya malah agak heran, kenapa mahasiswa malah membesar-besarkan kasus Udin, kasus Marsinah, kasus Kedung Ombo, kasus Kacapiring ataupun kasus Timor-Timur. "Jantung" permasalahannyalah yang seharusnya kita soroti.

Ekky Syahruddin

Saudara-saudara, klimaksnya bagus sekali dari Amien Rais. Hanya jangan lupa, tadi saya ingin anda bisa menanggapi Bang Yusril yang mengatakan bahwa anda seolah-olah menganggap ide itu tidak ada, karena tidak disebut secara definitif di dalam kitab-kitab itu. Mohon jelaskan ini, karena ada perbedaan pendapat di sini. Jadi seolah-olah Amien Rais dan Cak Nur itu terlalu formalistis, karena menganggap bahwa yang tidak disebut itu tidak ada, padahal menurut Yusril, untuk mengerti sesuatu jangan hanya dilihat dari yang ada tapi dari yang tersirat.

Amien Rais

Sesungguhnya, ada banyak persamaan antara negara Islam

dengan negara demokratis. Di dalam peristilahan ilmu politik, ada sebuah negara yang *democratic in form but authoritarian in substance*. Jadi formatnya sudah demokratis, dengan adanya DPR, lembaga perwakilan, lembaga kejaksaan, lembaga kehakiman, tetapi di atas permukaan sepertinya ada *last separation*, karena ternyata substansinya hanya untuk mendongkrak *rating* kepimpinan. Tidak jarang sistem seperti ini malah melahirkan sistem yang kurang lebih diktatorial.

Nah, karena itulah menurut saya, janganlah kita membuat sebuah negara Islam atau *Islamic State* yang format atau formalismenya nan gagah, tapi isinya *memble*, atau, seperti kata Yusril tadi, hanyalah 73 persen efektif, dengan kekayaan alam yang dikangkangi hanya oleh segelintir orang, dengan *administration management* yang dipenuhi dengan nepotisme dan dengan korupsi yang menyundul langit. Lebih baik kita meretas jalan baru, memegang agama wahyu ini sebagai pegangan pokok, menegakkan *social justice*, membangun *egalitarian society*, menjunjung *equal opportunity for all*, dan lain-lainnya. Kalau sudah berhasil, bagus, dan kalau setelah itu ada yang mau kasih nama negara Islam, negara Muhamadi, negara Islami atau apapun juga, saya rasa terserah-lah. Saya rasa begitu saja ya, Mas Eggy.

Ekky Syahruddin
Saya pikir saya serahkan saja masalah ini kepada Pak Yusril.

Yusril Ihza Mahendra
Baik, terima kasih. Saya rasa pendapat Amien dan Pak Nurcholish Madjid sekitar istilah negara Islam itu hampir sama. Untuk menjawab Pak Eggy Sujana tadi, saya memang

menganggap kalau yang pokok itu selalu penting, tapi yang penting itu tidak selalu pokok.

Nah, Pak Amien tadi juga sudah mengatakan bahwa soal Udin, Marsinah dan lain-lainnya itu hanya penting, tapi yang jadi jantung permasalahannyalah yang pokok. Mudah-mudahan logika saya itu *ma'qul* di kepalanya Pak Eggy.

Sebenarnya Pak Zainal Abidin Ahmad, yang pada tahun 1952 menulis buku *Membentuk Negara Islam*, pun mengatakan bahwa perjuangan menjadikan Islam sebagai dasar negara itu adalah perjuangan maksimal. Kalau tidak tercapai tidak apa-apa, karena yang penting katanya adalah bahwa asas-asas Islam itu tertuang dalam Konstitusi negara. Jadi terserah apakah itu mau disebut negara Islam atau tidak, kata Pak Zainal ketika itu. Bahkan kalau rakyat menyukai atau menyetujui bahwa prinsip-prinsip yang sejalan dengan Islam itu dinamakan Pancasila, ya tidak apa-apa juga, katanya. Jadi sebenarnya para pemimpin Masyumi di tahun-tahun itu cukup moderat juga, tidak seperti yang kita bayangkan sekarang ini.

Kemudian, menanggapi apa yang dikatakan oleh Pak Hamid al-Gadri, sebetulnya Masyumi telah menerapkan hal itu semua. Jadi Masyumi itu berbeda dengan al-Mawdudi, atau dengan Jamaat Islam Pakistan. Kalau kita membaca 182 pasal dari draft Konstitusi Islam Indonesia yang diajukan Masyumi ke Konstituante dalam Kongres Masyumi tahun 1956, jelas terdapat sebuah sayap yang berbeda, yaitu sayap Muhammad Natsir dan lain-lainnya yang membela dasar ini. Tetapi sayap Isa Anshari menentangnya dan mengatakan bahwa *draft* Konstitusi Republik Islam Indonesia yang diselesaikan oleh Panitia Sebelas yang diketuai oleh Pak Zainal Abidin Ahmad itu tidak lain tidak bukan adalah UUDS '50 plus kata-kata Islam sebagai dasar negara berdasarkan pencantuman kata-kata "Syari'ah adalah sumber hukum negara yang tertinggi" (*the highest source of law*). Jadi, seperti tadi dikatakan oleh pak Amien Rais, Islam itu bukanlah hukum itu sendiri. Dan yang menarik adalah pasal HAM yang diambil utuh-utuh dari UUDS 1950, yang saya kira lebih moderat dari UUD 1949 yang mensyahkan hak untuk "murtad".

Jadi, nampaknya orang Masyumi itu mengambil apa yang sudah ada dan kemudian dipertahankan, walaupun memang mereka mencoba meng-Islamisasikan apa yang ada itu. Kalau Mawdudi lain karena mereka malah mencoba meruntuhkan semua yang ada, dan kemudian membangun negara Islam menurut zaman Khulafa'u Rasyidin yang mereka anggap sebagai bentuk negara Islam ideal yang tidak bisa dirubah-rubah, lengkap dengan majelis syuro, *ahlul khalli walaqdi*, kepala negara seumur hidup dan seterusnya. Jadi jelas di sini ada perbedaan.

Saya kira pendekatan Masyumi lebih historis dalam menerapkan konsep-konsep Islam itu, yang saya kira juga merupakan ciri dari aliran modernis dalam politik Islam, yaitu mencoba untuk berkompromi dengan apa yang ada, sambil mencoba meng-Islamisasikan prinsip-prinsipnya.

Dan kepada Pak 'Imaduddin, saya kira Pak Hatta tidak selamanya garam. Buktinya, antara tahun 1966 dan 1967, Pak Hatta juga bersedia memimpin Partai Demokrat Islam Indonesia, dan beliau disponsori oleh Deliar Noer dan Daud Ali. Jadi tidak selamanya dia konsisten dengan konsep garamnya. Kalau memang setia dengan konsep garam, ngapain beliau mengatakan, "Oke, saya bersedia memimpin Partai Demokrat Islam Indonesia (PDII)." Jadi Pak Hatta juga tidak selamanya garam, dan pendiriannya tidak selalu konsisten.

Kemudian, merujuk kepada soal curiga-mencurigai, saya kira apa yang tadi dikatakan oleh Pak Ali Sadikin mungkin sudah mulai berubah. Tapi manusia selalu akan berbeda taktik dan strategi dalam mencapai suatu tujuan. Saya kira, asal orang itu istiqamah dengan pendiriannya dan terdapat saling pengertian satu sama lain, yaitu tidak selalu mengatakan "cara saya yang paling benar," *Insya Allah* tidak perlu ada konflik antar sesama. Jadi kalau ada tuduhan bahwa saya berada di dalam lingkaran kekuasaan dan yang lain tidak, mungkin tuduhan tersebut ada juga substansinya. Tidak apa-apa, asalkan cara-cara yang ditempuh bisa sedapat mungkin berlandaskan komunikasi dan penjernihan.

Yang terakhir, walaupun tidak disinggung-singgung tadi, adalah soal "kantong-mengantongi" Masyumi - PSI dalam buku ini. Sering saya mendengar orang mengatakan begitu, dan celakanya ada juga orang-orang dari kalangan NU, terutama Saefuddin Zuhri dalam tulisan-tulisannya, yang mengatakan bahwa Natsir dan Syafruddin Prawiranegara sebetulnya orang-orang PSI yang diselundupkan ke dalam Masyumi. Itu memang dikatakan dengan tegas oleh Saefuddin Zuhri. Saya kira memang tulisan Saefuddin pada tahun 1946 itu memang agak atau amat memuji-muji Sutan Syahrir dan lain-lain. Dan memang banyak orang yang menyangka bahwa Saefuddin itu akan bergabung dengan PSI. Tapi ternyata, setelah ia didebat habis-habisan, ia bergabung dengan Masyumi dan tidak jadi bergabung dengan PSI.

Tetapi saya kira memang ada banyak persamaan antara *ijtihad* orang-orang modernis Masyumi dengan orang-

orang PSI pada waktu itu dalam menangani masalah-masalah sosial politik, walaupun dasar filosofinya berbeda. Saya kira orang bisa bertitik tolak dari itu. Misalnya, ada tukang ngamen, dan masing-masing orang memberinya seratus perak. Perbuatan mereka sama, walaupun filosofi yang menggerakkan perbuatan tersebut boleh jadi berbeda. Dan saya kira orang Masyumi dan orang PSI itu ada titik temunya dalam menyelesaikan kasus-kasus konkrit Indonesia walaupun yang satu berangkat dari Islam dan yang lainnya mungkin berangkat dari Marxisme. Yang saya jelas tidak percaya adalah kesan atau mitos yang seringkali digembar-gemborkan orang PSI bahwa seolah-olah mereka itu partai paling hebat, partai paling besar, paling segala macam. Saya tidak percaya karena klaim-klaim tersebut sering tidak berdasar. Sampai-sampai, asal ada orang pintar intelektual, otomatis orang tersebut dicap sosialis.

Contoh yang paling menggelikan ialah Profesor Slamet Imam Santoso. Saya bilang sama teman-teman, Pak Slamet itu orang Masyumi. Tapi teman-teman saya tidak ada yang percaya. "Masa Slamet itu Masyumi?" kata mereka. Karena Slamet di-klaim PSI di kampus, Pak Slamet mengatakan kepada saya – dan yang akhirnya juga beliau ungkapkan dalam buku *80 tahun Pak Slamet* – bahwa pada waktu itu beliau ditertawakan oleh seorang dokter merangkap politikus yang nampaknya adalah Dr. Sudarno, bapak dari Yono Sudarno.

Dr. Sudarno rupanya pernah menceletuk, "Eh... Slamet itu *gendeng*."

"Ya, kan saya intelektual," balas Prof. Slamet.

"Kalau intelektual, harus mendukung PSI dong," tukas Dr. Sudarno.

"Ya, ya, saya dukung PSI," ujar Prof. Slamet. Padahal si

dokter itu tidak tahu, katanya, kalau Pak Slamet itu diam-diam penyokong Masyumi, katanya. Itu ditulis dalam buku Pak Slamet. Jadi mentalitas "asal orang pintar, ah ini pasti PSI" sebenarnya tidak berdasar juga.

Namun demikian, saya kira kritik-kritik dari Syafruddin Prawiranegara kepada tokoh-tokoh PSI itu layak diperhatikan. Dahulu, saya suka ke pengajian di Cikini. Pak Ali Sadikin pun kadang-kadang datang ke tempat Dokter Odang itu, di mana orang-orang Masyumi dan orang-orang PSI bergabung untuk mengaji.

Suatu hari Pak Syafruddin mengatakan sesuatu yang menarik, "Kalian sosialis-sosialis ini sudah tua-tua, baru belajar ngaji, belajar agama, belajar macam-macam. Coba kalau dulu, tahun-tahun 50-an, kalian bisa berpikir seperti sekarang ini. Mungkin banyak yang sudah bisa kita kerjakan atau sudah bisa kita bereskan di negeri ini."

Kemudian Pak Sakuri *nimbrung*, "Kalian itu cuma sok sosialis saja. Masa orang-orang PSI *kayak* begitu dianggap sosialis? Kalian itu kapitalis semua, malah Sudarno itu *mbah*-nya kapitalis, hanya ngaku-ngakunya sosialis". Dalam pengamatan saya, tokoh-tokoh PSI itu tidak ada satupun yang sosialis. Mereka itu semua elitis, bahkan kapitalis.

Jadi sebetulnya mitos tersebut perlu kita pertimbangkan dan kaji-ulang. Kenapa seorang Ali Budiarjo bisa mengaku sosialis, padahal mereka semua itu kapitalis? Dan kalau dikatakan ada semacam *link* Padang, yaitu seolah-olah Syahrir dikantongi Natsir karena mereka sama-sama Padang, saya sudah cek kebenarannya dengan Pak Natsir. Lebih spesifik, apa betul Syahrir itu adalah saudara dari Umi? Pak Natsir mengatakan tidak, walaupun Yusuf Wibisono menulis pada tahun 1950 bahwa kabinet Natsir itu lebih banyak terdiri dari orang-orang PSI, saudara-saudaranya sendiri termasuk Asad dan lain-lainnya.

Ada analis Barat yang mengatakan bahwa Masyumi itu terdiri dari blok Padang dan blok Jawa. Natsir itu blok Padang, dan Sugiman itu blok Jawa. Tapi saya kira pendapat ini salah, karena pendukung-pendukung Pak Natsir itu justru Moh. Roem, Ahmad Haryono dan lain-lain, bahkan Kasman Singodimejo yang orang Jawa. Sedangkan pendukung-pendukung Sugiman itu diantaranya Isa Anshari, Firdaus A.N. dan orang-orang Padang lainnya. Jadi analisis seperti itu tidak benar. Baiklah, sekian dulu dan terima kasih.

Ekky Syahruddin

Kalau yang bicara orang pintar memang enak sekali. Saudara-saudara, pada tahun 1965, di rumah Mas Subchan (*Subchan Z.E. – red*), saya mendengar bahwa Mas Subhan itu orang PSI yang dikirim ke NU. Yang katanya juga orang PSI yang dikirim ke NU adalah anak Rahmat Mulyo Miseno, yang orangnya sangat pintar. Jadi, kalau begitu, HMI ada hubungannya dengan PSI melalui orang-orang PSI yang dikirim ke NU. Dan apa salahnya sih orang bekerja sama, ya tidak? Silahkan, Cak Nur.

Nurcholish Madjid

Saya akan singkat saja, karena memang pertanyaan yang langsung ditujukan kepada saya sedikit, tapi mungkin ada dua pertanyaan yang saya ingin ikut *nimbrung* menjawab.

Dua minggu yang lalu, persis di tempat ini, di mana salah seorang pembicaranya adalah juga Mas Amien Rais, kita mengadakan diskusi mengenai pikiran politik Kang Jalal (Jalaluddin Rakhmat, dalam *Politik dan Keagamaan*

Kang Jalal – red). Pada saat itu, Bang Ekky juga yang menjadi moderator. *Audience*-nya sedikit berbeda walau psikologinya kurang lebih sama.

Nah, pada waktu itu saya mengatakan bahwa saya ini orang Sunni, karena memang saat itu Kang Jalal, apalagi ditimbang oleh Mas Amien Rais, jelas-jelas mengaku sebagai Syi'ah. Hal itu memang tidak relevan bagi kita di sini. Tapi masalah negara itu menjadi relevan karena orang Syi'ah itu sangat konkret konsepnya mengenai negara, apalagi yang berkenaan dengan masalah wasiat, yaitu wasiat Nabi kepada Ali.

Kalau kita mengikuti jalan pikiran Pak Hamid al-Gadri tadi, dan menghadapkan hal ini dengan faktor sejarah, itu akan menjadi agak susah, karena kita terpaksa harus memihak kepada salah satu dari versi tersebut, yaitu apakah Nabi memberikan wasiat apa tidak.

Nah, sebagai orang Sunni, kita mengatakan tidak dan itu dibuktikan oleh kenyataan bahwa Nabi itu selalu berwasiat. Kalau orang biasa meninggal, selalu diupayakan agar bisa secepatnya dikubur, namun hal ini justru tidak terjadi pada jenazah beliau sendiri. Kenapa setelah tiga hari, baru Nabi dikubur? Karena orang bertengkar tentang siapa yang bakal menggantikan Nabi. Berkat pengaruh Umar yang cerdas dan kuat luar biasa – karena memang sebelum jadi Muslimin beliau itu adalah jago gulat – akhirnya terpilihlah Abu Bakar, yang pada suatu saat ketika Umar menjadi Khalifah, sempat digugat, karena sebetulnya keputusan Umar untuk memilih Abu Bakar itu adalah keputusan yang tergesa-gesa. Istilahnya dalam bahasa Arab adalah *fathlah*, yang artinya persis pada saat Umar mengatakan "Iya", maka *fathlah*-lah, atau jadilah, itu. Tetapi, untuk ukuran sekarang, keputusan tersebut adalah semacam *crisis management* atau manajemen krisis. Umarpun meng-klaim bahwa ia telah berhasil, karena apabila seandainya ia tidak cepat-cepat memilih Abu Bakar, berantakanlah umat Islam pada waktu itu.

Coba bayangkan. Pada waktu itu, orang Arab masih sederhana sekali, dan tidak percaya bahwa Nabi itu bisa mati. Bahkan Umar itupun harus diberitahukan dan diyakinkan oleh seseorang bahwa Nabi itu sudah mati. Dan berhubung berita kematian tersebut sedemikian mendadaknya, hampir semua orang Mekkah itu kembali menjadi kafir. Tetapi, untungnya, Umar sempat ditenangkan oleh seorang sahabat dengan diiming-imingi, "Jangan menjadi kafir, teruskan saja, dan dukung rezim Madinah." Yah, kira-kira seperti itu. Dan ini terbukti dengan Bani Umayah selama 100 tahun.

Nah, saudara-saudara sekalian, seperti disinggung oleh Pak Hamid al-Gadri, kenapa kita tidak berani melihat sejarah? Kalau Pak Hamid menyebut-nyebut upacara Haji, itu kan merupakan argumen yang paling standar? Haji itu sendiri sebetulnya adalah peninggalan dari Ibrahim yang pada waktu Nabi tampil sudah berlangsung sekitar 2000-an tahun. Jadi banyak sekali peninggalan Ibrahim yang terlupakan, yang kemudian disucikan atau dibersihkan kembali oleh Nabi, dengan ditambah beberapa manasik dengan *wukuf* di Arafah sebagai yang paling utama. Ada satu versi yang mengatakan bahwa wukuf di Arafah sebenarnya dimulai oleh Nabi dan digunakan oleh beliau untuk menyampaikan pidato yang sangat strategis, yang sekaligus merupakan pidato perpisahan (*khutbatul wada'*), yang dalam bahasa sekarang adalah khotbah atau pidato hak asasi manusia.

Sehingga menurut hemat saya, *haji mabrur* itu, kalau

dikaitkan dengan satu ungkapan hadis bahwa haji itu tidak sah tanpa *wukuf* di Arafah, maksudnya ialah bahwa haji itu harus meresapi nilai-nilai kemusiaan universal seperti yang tercermin di dalam pidato perpisahan Nabi, sebab Nabi itu sendiri tidak pernah naik haji kecuali satu kali itu. Nah itulah yang hilang pada kita. Lalu *al-Haju Arafah,* atau Haji itu Arafah, bila diterjemahkan menjadi suatu teknik *fiqh* – bahwa orang tidak sah hajinya tanpa wukuf di Arafah biarpun hanya semenit saja - adalah suatu fundamentalisme yang sangat kosong.

Kemudian, saudara-saudara sekalian tahu bahwa empat khalifah itu proses pemilihannya sangat beragam. Abu Bakar dipilih oleh Umar secara *emergency*, atau mendadak. Umar sendiri dipilih karena adanya wasiat Abu Bakar yang kemudian didukung oleh umat. Kemudian, Utsman dipilih oleh Panitia Enam yang ditunjuk oleh Umar menjelang wafatnya, dan Ali itu didukung beramai-ramai oleh orang-orang yang memang dari semula sangat bersimpati kepada Ali.

Artinya, metode pemilihan empat khalifah ini sangat beragam, tapi sekurang-kurangnya ada satu titik temu yang bisa kita tarik dari ke-empat kasus ini, yaitu bahwa mereka dipilih secara *primus inter pares*, yang notabene adalah pola dari Arab, karena orang Arab itu sangat egaliter dan tidak pernah mengenal kekuasaan seperti orang-orang Yunani atau Romawi. Mereka itu, kalau membayangkan orang Romawi, Yunani atau Persi, yang mereka bayangkan itu adalah suatu hal yang luar biasa hebatnya. Oleh karena itu, bahkan Tuhan-pun di gambarkan duduk diatas singgasana Arsy. Jadi orang Arab itu tidak pernah mengenal kekuasaaan seperti Yunani atau Romawi, dan mereka itu sangat teramat egaliter. Mereka memilih pemimpin berdasarkan senioritas, dan oleh karenanya pemimpin disebut Syeikh, yang artinya orang tua. Ini sebabnya Abu Bakar dan Umar sering dirujuk sebagai *asy-syaikhani* (dua orang tua), yang artinya dalam bahasa sekarang, *primus inter pares*, atau digugurkan kalau tidak bisa lagi mengatasi konflik-konflik yang luar biasa hebatnya yaitu pada zaman setelah Ali dan kemudian Muawiyah. Kemudian Muawiyah mempunyai ide menunjuk anaknya sendiri. Ide ini tidak dilaksanakan secara sewenang-wenang, karena setelah ia berkuasa, ia mengirim utusan kemana-mana untuk menjajaki pendapat rakyat, yang kemudian terekam dengan baik sekali oleh piranti-piranti yang ditujukan oleh orang Madinah dan Mekkah. Ketika orang yang diutus oleh Muawiyah itu mengatakan inilah Sunnah Abu Bakar, maksudnya menunjuk Umar, inilah juga Sunnah Umar, maksudnya menunjuk Panitia Enam, dan seterusnya, maka timbullah reaksi dari orang-orang seperti Abdurrahman bin Abu Bakar, adik Aisyah, yang dengan keras mengatakan bahwa sistem tersebut lebih merupakan *Sunnah Hirqah*, atau *Hirqaliyah*, atau Hiraklisme, yang dalam sistem Yunani artinya menunjuk anak sendiri.

Maka, ketika Abdullah bin Umar, anak Umar, mengatakan bahwa Yazid bukan orang yang terbaik di antara mereka, dan kalau toh para sahabat dahulu itu melakukannya, mereka lebih berhak karena anak-anak mereka itu sangat baik, rupa-rupanya dia itu mau menunjuk dirinya sendiri.

"Saya adalah anak dari Umar bin Khaththab, dan saya termasuk Panitia Enam meskipun Umar sendiri telah berpesan bahwa walaupun anaknya ada dalam Panitia Enam untuk memilih khalifah itu, tolong ia jangan dipilih karena kalau dipilih maka akan terjadi dinasti genealogis". Tetapi itulah yang justru terjadi semenjak Muawiyah menunjuk anaknya sendiri. Menurut Abdurrahman bin Abu Bakar dan Abdullah bin Umar, ini merupakan *sunnatul kaitsar* dan *kisra wal-kaitsar*, berdasarkan tradisi kekaisaran dan kekhusruan Yunani dan Romawi.

Tapi sejak itu, saudara-saudara sekalian, umat Islam seluruhnya hanya memilih pemimpin setelah mengenal konsep Republik dari Barat. Ketika Bani Umayah berkuasa, sistem dan gaya administrasinya adalah Yunani. Sebelum Abdul Malik bin Marwan menjadi khalifah, bahasa administrasi di daerah-daerah itu adalah bahasa Yunani, karena memang itu adalah daerah *Hellenisme*, yaitu suatu daerah di Timur Tengah yang berbudaya Yunani. Baru pada zaman Abdul Malik bin Marwan, daerah-daerah tersebut di-Arabkan. Maka terjadilah Arabisasi, sehingga seluruh dunia Islam menjadi Arab, kecuali Persi, yang mengatakan, "Kami mempunyai tradisi sendiri, kami tidak mau menjadi Arab." Mereka menentang sampai sekarang, walaupun Mesir, Suriah dan lain-lainnya itu semua menjadi Arab. Khadafi-pun sekarang Arab, padahal sebetulnya dia keturunan Kartabur, atau Mediteranian dari segi ras.

Dan kemudian Abdul Malik bin Marwan juga menggantikan mata uang Yunani dengan mata uang Islam. Karena itulah, mata uang tersebut istilahnya *dirham* dan *dinar. Dirham* artinya perak, dinar artinya persepuluh-an (*Dinarius*). Jadi, dahulu kala, Nabi berdagang dengan uang Yunani. Kalau uang itu terbuat dari emas dan disebut dinar, itu tidak sah dan tidak akan diiterima kecuali kalau uang itu dilengkapi gambar kepala Raja Konstantin. Inilah yang dirubah oleh Abdul Malik bin Marwan, dirubah menjadi mata uang Islam dengan gambar syahadat, walau setelahnya timbul reaksi keras dari Konstantinopel, Byzantium.

"Abdul Malik bin Marwan jangan berani macam-macam

di Damaskus," demikian kira-kira reaksi mereka, "Nanti uangnya tidak laku."

Abdul Malik bin Marwan membalas, "Justru uang Yunani yang tidak laku." Kemudian, karena seluruh dunia Islam dilarang menggunakan uang Yunani, timbullah uang Islam.

Oleh karena itu, seruan Pak Hamid mengenai pentingnya sejarah tadi adalah relevan sekali. Pada saat revolusi Abbasiyah yang kejam luar biasa itu, seluruh keturunan Bani Umayah - baik yang besar maupun kecil, tua maupun muda, lelaki maupun perempuan - terbunuh dengan cara-cara yang mengenaskan. Salah satu caranya ialah mengundang mereka ke pesta, dan setelah mereka makan kenyang, mereka dibunuh. Hanya satu yang selamat yaitu Abdurrahman, yang kemudian dengan terpincang-pincang lari ke Spanyol. Revolusi tersebut seterusnya didukung oleh kaum Khawarij dan kaum Syi'ah. Tetapi, setelah revolusi ini berhasil, justru timbul adagium "revolusi makan anaknya sendiri", karena justru orang Khawarij dan Syi'ah yang dikejar-kejar oleh Bani Abbas.

Dan kemudian, Bani Abbas mendirikan sebuah kota bernama Baghdad. Dalam bahasa Persi Kuno, *Bagh* itu artinya Tuhan dan *dad* itu artinya pemberian. Jadi arti Baghdad adalah Pemberian Tuhan. Karena memang versi Sosianion itu orientalis, maka keluarga Baramekel-lah yang berkuasa, sehingga Abbasiyah itu sebetulnya adalah suatu sistem Persi. Sementara Umawiyah di Damaskus adalah merupakan sistem Byzantium. Jadi ada semacam penerusan pola lama antara Persi dan Byzantium yang selalu konflik, karena mereka merupakan dua kekuatan yang selalu bertempur sejak dulu.

Nah, yang menarik ketika orang bertengkar tentang

Muawiyah dan sebagainya, kebanyakan orang secara prinsipil begitu keberatan terhadap sistem politik Yazid, atau sistem politik Muawiyah (sistem politik Bani Umayah). Namun demikian, mereka tidak pernah mengatakan bahwa sistem Bani Umayah itu kafir. Mereka juga tidak pernah mengatakan bahwa sistem politik Abbasiyah itu kafir. Bahkan kemudian semuanya itu dianggap sebagai kitab-kitab biasa, yang sekarang ini dianggap sebagai suatu wujud daripada kebesaran Islam.

Lalu kita bangga dengan Harun Ar-Rasyid, yang kalau beliau masih hidup, mungkin kerja kita demonstrasi setiap hari. Meskipun dia memakai gelar Ar-Rasyid, tetapi kesenjangan antara kaya dan miskin itu luar biasa, dan kemudian karena itulah timbul tasawuf, yang dipelopori oleh, salah satunya, Robiatul al-Adawiyah. Tasawuf itu sebenarnya adalah protes sosial terhadap kemewahan sosial yang luar biasa di zaman Harun Ar-Rasyid.

Ketika Nabi pindah ke Madinah, memang sistem Arab yang sehat itu diteruskan, tetapi yang tidak sehat dihancurkan atau dihapuskan sama sekali, terutama sistem penyakralan suku, atau suku-sentrisme. Jadi ketika Nabi secara doktrinal hanya memperbolehkan pensucian kepada Allah, efeknya adalah bahwa suku tidak lagi disucikan. Semuanya menjadi rata dan kemudian terbentuklah Masyarakat Egaliter.

Tetapi setelah timbulnya Dinasti Genealogis, semuanya dinamakan dengan suku: Daulah Umawiyah, Daulah Abassiyah, Daulah Sofawiyah, Daulah Fathimiah, Daulah asy-Syuudiyah, Daulah al-Mamlaktul al-Arrabiyah asy-Syu'udiyah. Itu sesuatu yang bukan main ironis.

Maka dari itu, saya mendukung Mas Amien yang

mengatakan Saudi itu negara yang aneh, bukan hanya karena masalah konstitusi-nya, tapi juga karena namanya yang menggunakan suku. Jadi sebetulnya mana negara Islam itu?

Sekarang begini. Kalau Saudi Arabia dan Iran sampai sekarang masih saling tuduh-menuduh bahwa yang satunya bukan Islam, apakah kita akan menyertai mereka? Dan kalau kita menyertai mereka, kita memihak Saudi sehingga Iran itu bukan Islam atau memihak Iran sehingga Saudi itu bukan Islam. Nyatanya, orang Indonesia tetap menyatakan dua-duanya adalah Islam. Itu berarti ada suatu titik temu pada dataran yang sangat tinggi yang menyebutkan bahwa mereka itu Islam. Jadi ada *level* pengertian yang cukup tinggi yang membuat mereka itu semuanya Islam, dan *level* inilah yang harus kita cari. Dengan demikian, kita tidak menjadi eksklusif, yaitu sikap "hanya inilah yang Islam atau hanya itulah yang Islam", sebab kita akan terjebak bukti-bukti sejarah yang tidak mendukung argumen-argumen semacam itu.

Terima kasih, saudara-saudara sekalian. *Wassalamu 'alaikum wr. wb.*

Ekky Syahruddin

Hari sudah malam. Seperti Cak Nur jelaskan tadi secara panjang lebar, sebetulnya yang penting adalah substansi dan bukan format, karena format-format tersebut banyak yang substansinya ternyata tidak Islami.

Jadi, sekarang yang penting adalah, dengan tidak disebut-sebutnya negara Islam, kita mempunyai peluang di negeri ini untuk menegakkan semacam *Darul of Agreement*, ya tidak? Hanya, setelah kita menjadi tuan di rumah sendiri, sesuai dengan mimpi Bang Ali, kita harus usahakan negeri kita menjadi makmur. Saya ucapkan terimakasih, dan andaikata ada kelebihan atau kekurangan, saya mohon maaf. *Wassalamu'alaikum wr. wb.*

MOHAMAD ROEM

Lahir di desa Klewongan (Parakan, Temanggung, Jawa Tengah) pada 16 Mei 1908, sebagai anak keenam dari tujuh bersaudara. Ayahnya bernama Dulkarnaen Jayasasmito, ibunya bernama Siti Tarbiyah.

Pendidikannya dimulai di *Volkschool* (semacam Sekolah Dasar) di desa kelahirannya, kemudian melanjutkan ke *HIS (Hollandsche Inlandsche School)* Temanggung sampai kelas III, dan diteruskan ke HIS Pekalongan. Tamat dari HIS Pekalongan (1924), ia melanjutkan ke STOVIA Jakarta sampai tingkat persiapan, kemudian ke AMS *(Algemene Middelbare School)* yang diselesaikan pada 1930. Dua tahun berikutnya ia belajar di GHS *(Geneeskundige Hoge School)* dan terakhir ia memasuki RHS (*Rechts Hoge School*). Dari perguruan tinggi terakhir ini ia berhasil meraih gelar *Meester in de Rechten* (Mr.) pada 1939.

Ia adalah aktivis berbagai kegiatan kepemudaan, keagamaan, politik dan masalah-masalah sosial lainnya. Ia termasuk salah seorang tokoh nasional yang hidup pada tiga zaman (zaman penjajahan Belanda, Jepang dan Merdeka).

Pada masa penjajahan Belanda, bersama-sama dengan para pemuda Jawa lainnya, ia aktif di Jong Java. Ia pun ikut berpartisipasi dalam pembentukan Jong Islamieten Bond (JIB). Dalam JIB ini ia menjadi anggota pimpinan pusatnya, dan Ketua Panitia Kongres di Jakarta (1930). Ketika JIB membentuk kepanduan (Natipij) ia menjadi

Ketua Umumnya (1933). Ia aktif juga di Partai Syarekat Islam Indonesia (PSII), dan pernah menjadi Ketua Panitia Kongres PSII di Jakarta (1932). Ketika terjadi kemelut di PSII, ia bersama-sama dengan Haji Agus Salim dan lain-lainnya keluar dari partai tersebut dan mendirikan partai baru yang disebut Partai Penyadar. Dalam partai baru ini ia menjabat sebagai Ketua *Komitee Centraal Executief* (Lajnah Tanfizijah). Pada 1937 bersama-sama dengan Jusuf Wibisono dan kawan-kawan lainnya, ia mendirikan organisasi kemahasiswaan *Studenten Islam Studie Club* (SIS), dan ia sendiri menjadi ketuanya. Ketika SIS membuat majalah *Muslimsche Reveille,* ia menjadi anggota Dewan Redaksinya.

Selain itu untuk mengembangkan ilmu hukum yang pernah digelutinya di RHS, ia membuka kantor Advokat dan Procureur di Jakarta. Ia pun menjadi pengacara pada Rumah Piatu Muslim di Jakarta dan Perhimpunan Dagang Indonesia (Perdi) di Purwokerto.

Pada masa pendudukan Jepang, ia menjadi ketua Muda Barisan Hizbullah di Jakarta. Pada masa kemerdekaan, ia memangku berbagai jabatan penting, antara lain: Ketua Komite Nasional Jakarta Raya, anggota Pimpinan Pusat Masyumi, Komisaris Agung Indonesia di Belanda (1950), Menteri Dalam Negeri dalam Kabinet Natsir (1950-1953), Wakil Perdana Menteri dalam Kabinet Ali Sastroamidjojo (1956-1957), Rektor Universitas Islam Sumatra Utara (1953-1956) dan lain-lain. Mohamad Roem juga banyak mengikuti perundingan-perundingan dan pertemuan-pertemuan penting berskala nasional dan internasional seperti Penandatangan Perundingan Renville (17 Januari 1948), Penandatangan Persetujuan Roem-Royen (14 April 1949), Penandatangan Konferensi Meja Bundar di Den Haag (2 November 1949), Conference for Moslem and Christian

Cooperation di Iskandariah, Mesir (1955), mengadakan perjalanan keliling Amerika untuk memperkenalkan negara-negara Asia dan Timur Tengah kepada organisasi dan masyarakat Amerika, mengetuai Goodwill Mission ke Australia dan menghadiri International Conference Against Colonialism di India (1959).

Sejak Partai Masyumi dibubarkan pada (17 Agustus 1960), ia tidak lagi memegang jabatan di pemerintahan. Ia kemudian memusatkan perhatian pada penulisan buku dan penelitian sejarah perpolitikan di Indonesia serta bidang ilmiah lainnya. Kegiatan ini tidak berjalan lancar, karena pada 16 Januari 1962 ia bersama-sama dengan beberapa tokoh Masyumi dan PSI ditahan pemerintah, atas tuduhan terlibat peristiwa Cenderawasih, yang mengadakan percobaan pembunuhan terhadap Presiden Sukarno di Makasar.

Keluar dari tahanan politik (1966), kegiatan tersebut diteruskan kembali. Bahkan, ia kemudian memegang beberapa jabatan penting lagi (di luar pemerintahan), antara lain: Wakil Ketua Dewan Kurator Sekolah Tinggi Kedokteran Islam Jakarta (1971), dan anggota Dewan Eksekutif Muktamar Alam Islami (1975). Di samping itu ia aktif mengikuti beberapa konperensi internasional, seperti Konferensi Internasional tentang Bangladesh di New Delhi (1971), Konferensi Menteri-menteri Luar Negeri Islam di Tripoli dan Member of The Board, Asian Conference for Religion and Peace di Singapura (1977).

Mohamad Roem meninggal dunia di Jakarta pada 24 September 1983 (1402 H). Ia mewariskan beberapa buku penting, antara lain: *Jejak Langkah H. Agus Salim, Karena Benar dan Adil, Pelajaran dari Sejarah, Tinjauan Pemilihan Umum I dan II dari Sudut Hukum, Tiga Peristiwa Bersejarah,*

Bunga Rampai dari Sejarah, Sumpah Pemuda Puncak Perkembangan, Awal Pertumbuhan dan *Suka Duka Berunding dengan Belanda.*

NURCHOLISH MADJID
Adalah Doktor dalam bidang filsafat. Ia lahir di Jombang, 17 Maret 1939, bertepatan dengan 26 Muharram 1358 H, dari keluarga kalangan Pesantren. Pendidikan yang ditempuhnya dimulai dari Sekolah Rakyat pada pagi hari, sedangkan sore hari ia sekolah di Madrasah Ibtidaiyah di Mojoanyar.

Setelah menamatkan sekolah dasar dan ibtidaiyah ia melanjutkan belajar ke pesantren Darul Ulum di Rejoso, Jombang. Setelah itu ia melanjutkan pendidikan di Kulliyatul Mu'allimin al-Islamiyah (KMI) Pesantren Darus Salam di Gontor, Ponorogo.

Setamat dari Gontor ia melanjutkan studi di Institut Agama Islam Negeri (IAIN) Syarif Hidayatullah Jakarta, pada Fakultas Adab, jurusan Sastra Arab dan tamat tahun 1968. Pendidikan selanjutnya ia lakukan di Universitas Chicago, Illinois, Amerika Serikat dan berhasil meraih gelar Doktor dalam bidang Islamic Thought (Pemikiran Islam) pada tahun 1984.

Semasa jadi mahasiswa, Nurcholish Madjid banyak melakukan kegiatan di berbagai organisasi. Pernah menjadi Ketua Umum Mahasiswa Islam (HMI) Cabang Ciputat pada tahun 60-an, kemudian menjadi ketua Umum Pengurus Besar HMI, selama periode 1966-1969 dan 1969-1971. Pernah menjadi presiden pertama Persatuan Mahasiswa Islam Asia Tenggara (PEMIAT) tahun 1967-1969, sebagai wakil Sekretaris Jenderal International Islamic Federation of Student Organization (IIFSO) pada 1969-1971.

Setamat dari IAIN Syarif Hidayatullah Jakarta, Nurcholish Madjid memberi kuliah di almamaternya mulai 1972 sampai 1976. Setelah berhasil meraih gelar doktor sejak tahun 1985 ia ditugaskan memberikan kuliah tentang filsafat di Fakultas Pascasarjana IAIN Syarif Hidayatullah Jakarta. Ia juga bekerja sebagai peneliti pada Lembaga Ilmu Pengetahuan Indonesia (LIPI), sejak tahun 1978. Bersamaan dengan tugas-tugasnya ini tahun 1991-1992 ia diangkat menjadi dosen tamu pada Universitas McGill, Montreal, Canada. Tahun 1990 bersama istrinya sebagai Fellow dalam Eisenhower Fellowship.

Tulisan-tulisan yang memuat pemikirannya di bidang keIslaman, politik Islam, moral dan sebagainya tersebar dalam *Kompas, Pelita, Suara Pembaharuan, Republika, Majalah Ulumul Quran, Panji Masyarakat, Prisma, Amanah* dan lain-lain.

Dari beberapa pemikirannya itu banyak yang mengundang kontroversi seperti gagasan tentang partai politik *(Islam, Yes; Partai Islam, No?)*, ide sekularisme tentang masalah-masalah keduniaan, teologi, dan masih banyak lagi. Pemikiran-pemikirannya ini telah banyak mempengaruhi kalangan intelektual muda yang bergabung dalam Yayasan Wakaf Paramadina. Muhammad Hasan Kamal dari Malaysia pernah pula melakukan penelitian terhadap ide pembaharuan atau modernisasi Indonesia dengan menempatkan pemikiran Nurcholish Madjid sebagai acuannya.

Sejak 1986, bersama-sama beberapa kawannya di Jakarta ia mendirikan dan memimpin Yayasan Wakaf Paramadina, dengan kegiatan-kegiatan yang mengarah kepada gerakan intelektual Islam Indonesia. Sejak 1991 ia menjabat sebagai Ketua Dewan Pakar Ikatan Cendikiawan Muslim se-Indonesia (ICMI), anggota Komisi Hak-Hak Asasi Manusia (KOMNAS HAM) dan tercatat sebagai salah seorang anggota MPR-RI.

Karya-karyanya yang sudah diterbitkan: *Khazanah Intelektual Islam* (Jakarta: Bulan Bintang, 1986); *Islam Kemoderenan dan Keindonesiaan* (Bandung: Mizan, 1988); *Islam Doktrin dan Peradaban, sebuah Telaah Kritis tentang Masalah Keimanan, Kemanusiaan, dan Kemoderenan* (Jakarta: Paramadina, 1992); *Islam Kerakyatan dan Keindonesiaan* (Bandung: Mizan, 1993); *Pintu-pintu Menuju Tuhan* (Jakarta: Paramadina, 1994); *Islam Agama Kemanusiaan, Membangun Tradisi dan Visi Baru Islam Indonesia* (Jakarta: Paramadina, 1995); *Islam Agama Peradaban* (Jakarta: Paramadina, 1995); *Kaki Langit Peradaban Islam* (Jakarta: Paramadina, 1997); *Tradisi Islam, Peran dan Fungsinya dalam Pembangunan di Indonesia* (Jakarta: Paramadina, 1997); *Masyarakat Religius* (Jakarta: Paramadina, 1997); *Perjalanan Religius Umrah dan Haji* (Jakarta: Paramadina, 1997), *Bilik-bilik Pesantren* (Jakarta: Paramadina, 1997). Karya-karya dalam bahasa Inggris: "The Issue of Modernization among Muslims in Indonesia: From a Participant's Point of View" dalam Gloria Davies [ed.], *What is Modern Indonesian Culture?* (Athens, Ohio, University of Ohio Southeast Asia Studies, 1979); "Islam in Indonesia: Challenges and Opportunities" dalam Cyriac K. Pullapilly [ed.], *Islam in the Contemporary World* (Notre Dame, Indiana, Cross Roads Books, 1980).

Buku-buku yang berguna bagi anda

Antonius Sujata, **REFORMASI DALAM PENEGAKAN HUKUM.** Himpunan tulisan dan makalah yang pernah dimuat dan disampaikan dalam ceramah, seminar dan media massa. Berisi tentang penegakan hukum, hak asasi manusia yang semakin berpedoman pada back to basics dalam memperjuangkan keadilan dan kebenaran untuk rakyat.

Tan Malaka, **GERPOLEK, Gerilya-Politik-Ekonomi** Pikiran-pikiran yang termaktub dalam Kongres "Persatuan Perjuangan" Januari 1946 di Purwokerto dan Solo.

Prof. Dr. Koentjaraningrat, dkk., **MANUSIA DAN KEBUDAYAAN DI INDONESIA.** Pembahasan tentang masyarakat dan adat-istiadat dari aneka suku bangsa di Indonesia, dari Aceh sampai ke Irian Jaya termasuk orang Tionghoa di Indonesia.

Harsja W. Bachtiar, **PERCAKAPAN DENGAN SIDNEY HOOK.** Diskusi tentang 4 masalah filsafat: Etika. Idiologi nasional, Marxisme dan Existensialisme.

Hilman Adil, **HUBUNGAN AUSTRALIA DENGAN INDONESIA 1945-1962.** Membahas masalah hubungan Australia dengan Indonesia pada periode 1945-1962. Secara terperinci diungkap pola-pola kebijaksanaan Luar Negeri Australia berdasarkan lokasi geografis Australia yang ke-Inggris-an dan Indonesia.

Kees Snoek, **MENGENAL MASYARAKAT BELANDA/ NEDERLAND LEREN KENNEN.** Menyajikan informasi tentang apa dan bagaimana negeri dan orang Belanda. Diuraikan tentang tata cara dan pranata Belanda. Informasi yang disajikan memberikan gambaran sejujurnya mengenai masyarakat Belanda tanpa mengarah pada propaganda.

Elsbeth Locher Scholten, **ETIKA YANG BERKEPING-KEPING.** Berisi lima tulisan mengenai politik etis yang dilakukan kolonial Belanda di Indonesia antara tahun 1877 sampai masuknya Jepang pada tahun 1942. Dengan telaah yang dalam dibeberkan peran dan pikiran beberapa tokoh dan surat kabar yang dianggap berperan menumbuhkan politik etik pemerintahan kolonial Belanda di bumi Indonesia, antara lain peran Mr. P Brooshoft dengan tulisan-tulisannya dalam koran *De Locomotief*, Gubernur Jendral J.P. Graaf van Limburg Stirum, koran *De Stuw* dan koran *Kritik en Opbouw*. Kelima telaah dalam buku ini memberikan wawasan yang luas terhadap pikiran kemerdekaan Indonesia.

PENERBIT DJAMBATAN

Jl. Wijaya I/39, Jakarta 12170
Telp. 720 3199 – 720 8562
Fax. 722 7989

Jl. Paseban 29, Jakarta 10440
Tromolpos 1116/Jkt. 10011
Telp. 390 8790 – Fax. 392 0643

e-mail: djamb@dnet.net.id